CHINÊS
VOCABULÁRIO

PORTUGUÊS BRASILEIRO

PORTUGUÊS
CHINÊS

Para alargar o seu léxico e apurar
as suas competências linguísticas

3000 palavras

Vocabulário Português Brasileiro-Chinês - 3000 palavras

Por Andrey Taranov

Os vocabulários da T&P Books destinam-se a ajudar a aprender, a memorizar, e a rever palavras estrangeiras. O dicionário é dividido em temas, cobrindo todas as principais esferas de atividades quotidianas, negócios, ciência, cultura, etc.

O processo de aprendizagem, utilizando os dicionários baseados em temáticas da T&P Books dá-lhe as seguintes vantagens:

- Informação de origem corretamente agrupada predetermina o sucesso em fases subsequentes da memorização de palavras
- Disponibilização de palavras derivadas da mesma raiz, o que permite a memorização de unidades de texto (em vez de palavras separadas)
- Pequenas unidades de palavras facilitam o processo de estabelecimento de vínculos associativos necessários para a consolidação do vocabulário
- O nível de conhecimento da língua pode ser estimado pelo número de palavras aprendidas

T&P Books Publishing
www.tpbooks.com

ISBN: 978-1-78767-423-3

Este livro também está disponível em formato E-book.
Por favor visite www.tpbooks.com ou as principais livrarias on-line.

VOCABULÁRIO CHINÊS
palavras mais úteis

Os vocabulários da T&P Books destinam-se a ajudar a aprender, a memorizar, e a rever palavras estrangeiras. O vocabulário contém mais de 3000 palavras de uso comum organizadas tematicamente.

O vocabulário contém as palavras mais comummente usadas
Recomendado como adicional para qualquer curso de línguas
Satisfaz as necessidades dos iniciados e dos alunos avançados de línguas estrangeiras
Conveniente para o uso diário, sessões de revisão e atividades de auto-teste
Permite avaliar o seu vocabulário

Características especias do vocabulário

- As palavras estão organizadas de acordo com o seu significado, e não por ordem alfabética
- As palavras são apresentadas em três colunas para facilitar os processos de revisão e auto-teste
- As palavras compostas são divididas em pequenos blocos para facilitar o processo de aprendizagem
- O vocabulário oferece uma transcrição simples e adequada de cada palavra estrangeira

O vocabulário contém 101 tópicos incluindo:

Conceitos básicos, Números, Cores, Meses, Estações do ano, Unidades de medida, Roupas & Acessórios, Alimentos & Nutrição, Restaurante, Membros da Família, Parentes, Caráter, Sentimentos, Emoções, Doenças, Cidade, Passeios, Compras, Dinheiro, Casa, Lar, Escritório, Trabalho no Escritório, Importação & Exportação, Marketing, Pesquisa de Emprego, Esportes, Educação, Computador, Internet, Ferramentas, Natureza, Países, Nacionalidades e muito mais ...

TABELA DE CONTEÚDOS

GUIA DE PRONUNCIAÇÃO

Letra	Exemplo Chinês	Alfabeto fonético T&P	Exemplo Português
a	tóufa	[a]	chamar
ai	hǎi	[aɪ]	cereais
an	bèipàn	[an]	anular
ang	pīncháng	[ɑ̃]	jantar
ao	gǎnmào	[aʊ]	produção
b	Bànfǎ	[p]	presente
c	cǎo	[tsh]	[ts] aspirado
ch	chē	[tʃh]	[tsch] aspirado
d	dīdá	[t]	tulipa
e	dēngjì	[ɛ]	mesquita
ei	běihǎi	[eɪ]	seis
en	xúnwèn	[ə]	milagre
eng	bēngkuì	[ə̃]	entusiasmo
er	érzi	[ɛr]	querer
f	fǎyuàn	[f]	safári
g	gōnglù	[k]	aquilo
h	hǎitún	[h]	[h] aspirada
i	fēijī	[i:]	cair
ia	jiā	[jɑ]	Himalaias
ian	kànjiàn	[jʌn]	pianista
ie	jiéyuē	[je]	folheto
in	cónglín	[i:n]	canino
j	jīqì	[tɕ]	tchetcheno
k	kuàilè	[kh]	[k] aspirada
l	lúnzi	[l]	libra
m	hémǎ	[m]	magnólia
n	nǐ hǎo	[n]	natureza
o	yǐbō	[ɔ]	emboço
ong	chénggōng	[ʊ̃]	conjunto
ou	běiměizhōu	[ɔʊ]	chow-chow
p	pào	[ph]	[p] aspirada
q	qiáo	[tɕ]	Tchim-tchim!
r	rè	[ʒ]	talvez
s	sàipǎo	[s]	sanita
sh	shāsī	[ʃ]	mês
t	tūrán	[th]	[t] aspirada
u	dáfù	[u], [ʊ]	bonita
ua	chuán	[ua]	qualidade
un	yúchǔn	[u:n], [ʊn]	boneca
ü	lǚxíng	[y]	questionar
ün	shēnyùn	[jun]	nacional

Letra	Exemplo Chinês	Alfabeto fonético T&P	Exemplo Português
uo	zuòwèi	[uɔ]	álcool
w	wùzhì	[w]	página web
x	xiǎo	[ɕ]	shiatsu
z	zérèn	[ts]	tsé-tsé
zh	zhǎo	[dʒ]	adjetivo

Comentários

Primeiro tom (alto, contínuo) No primeiro tom, o tom de voz permanece constante e ligeiramente alto ao longo da sílaba. Exemplo: mā Segundo tom (crescendo) No segundo tom, o tom de voz aumenta ligeiramente enquanto pronuncia a sílaba. Exemplo: má Terceiro tom (caindo-crescendo) No terceiro tom, o tom de voz baixa, e depois volta a subir na mesma sílaba. Exemplo: mǎ Quarto tom (caindo) No quarto tom, o tom de voz desce abruptamente durante a sílaba. Exemplo: mà Quinto tom (tom neutro) No tom neutro o tom da voz depende da palavra que se está a dizer, mas normalmente é dito mais breve e mais suave que as outras sílabas. Exemplo: ma

ABREVIATURAS
usadas no vocabulário

Abreviaturas do Português

adj	-	adjetivo
adv	-	advérbio
anim.	-	animado
conj.	-	conjunção
desp.	-	esporte
etc.	-	Etcetera
ex.	-	por exemplo
f	-	nome feminino
f pl	-	feminino plural
fem.	-	feminino
inanim.	-	inanimado
m	-	nome masculino
m pl	-	masculino plural
m, f	-	masculino, feminino
masc.	-	masculino
mat.	-	matemática
mil.	-	militar
pl	-	plural
prep.	-	preposição
pron.	-	pronome
sb.	-	sobre
sing.	-	singular
v aux	-	verbo auxiliar
vi	-	verbo intransitivo
vi, vt	-	verbo intransitivo, transitivo
vr	-	verbo reflexivo
vt	-	verbo transitivo

CONCEITOS BÁSICOS

1. Pronomes

eu	我	wǒ
você	你	nǐ
ele	他	tā
ela	她	tā
ele, ela (neutro)	它	tā
nós	我们	wǒ men
vocês	你们	nǐ men
eles	他们	tā men
elas	她们	tā men

2. Cumprimentos. Saudações

Oi!	你好!	nǐ hǎo!
Olá!	你们好!	nǐmen hǎo!
Bom dia!	早上好!	zǎo shàng hǎo!
Boa tarde!	午安!	wǔ ān!
Boa noite!	晚上好!	wǎn shàng hǎo!
cumprimentar (vt)	问好	wèn hǎo
Oi!	你好!	nǐ hǎo!
saudação (f)	问候	wèn hòu
saudar (vt)	欢迎	huān yíng
Tudo bem?	你好吗?	nǐ hǎo ma?
E aí, novidades?	有 什么 新 消息?	yǒu shénme xīn xiāoxi?
Tchau! Até logo!	再见!	zài jiàn!
Até breve!	回头见!	huí tóu jiàn!
Adeus!	再见!	zài jiàn!
despedir-se (dizer adeus)	说再见	shuō zài jiàn
Até mais!	回头见!	huí tóu jiàn!
Obrigado! -a!	谢谢!	xièxie!
Muito obrigado! -a!	多谢!	duō xiè!
De nada	不客气	bù kè qi
Não tem de quê	不用谢谢!	bùyòng xièxie!
Não foi nada!	没什么	méi shén me
Desculpa! -pe!	请原谅	qǐng yuán liàng
desculpar-se (vr)	道歉	dào qiàn
Me desculpe	我道歉	wǒ dào qiàn
Desculpe!	对不起!	duì bu qǐ!
perdoar (vt)	原谅	yuán liàng
por favor	请	qǐng

Não se esqueça!	别忘了！	bié wàng le!
Com certeza!	当然！	dāng rán!
Claro que não!	当然不是！	dāng rán bù shi!
Está bem! De acordo!	同意！	tóng yì!
Chega!	够了！	gòu le!

3. Questões

Quem?	谁？	shéi?
O que?	什么？	shén me?
Onde?	在哪儿？	zài nǎr?
Para onde?	到哪儿？	dào nǎr?
De onde?	从哪儿来？	cóng nǎr lái?
Quando?	什么时候？	shénme shíhou?
Para quê?	为了什么目的？	wèile shénme mùdì?
Por quê?	为什么？	wèi shénme?

Para quê?	为了什么目的？	wèile shénme mùdì?
Como?	如何？	rú hé?
Qual (~ deles?)	哪个？	nǎ ge?

A quem?	给谁？	gěi shéi?
De quem?	关于谁？	guān yú shéi?
Do quê?	关于什么？	guān yú shénme?
Com quem?	跟谁？	gēns héi?
Quanto, -os, -as?	多少？	duōshao?
De quem (~ é isto?)	谁的？	shéi de?

4. Preposições

com (prep.)	和，跟	hé, gēn
sem (prep.)	没有	méi yǒu
a, para (exprime lugar)	往	wǎng
sobre (ex. falar ~)	关于	guān yú
antes de …	在 … 之前	zài … zhī qián
em frente de …	在 … 前面	zài … qián mian
debaixo de …	在 … 下面	zài … xià mian
sobre (em cima de)	在 … 上方	zài … shàng fāng
em …, sobre …	在 … 上	zài … shàng
de, do (sou ~ Rio de Janeiro)	从	cóng
de (feito ~ pedra)	… 做的	… zuò de
em (~ 3 dias)	在 … 之后	zài … zhī hòu
por cima de …	跨过	kuà guò

5. Palavras funcionais. Advérbios. Parte 1

Onde?	在哪儿？	zài nǎr?
aqui	在这儿	zài zhèr
lá, ali	那儿	nàr

| em algum lugar | 某处 | mǒu chù |
| em lugar nenhum | 无处 | wú chù |

| perto de … | 在 … 旁边 | zài … páng biān |
| perto da janela | 在窗户旁边 | zài chuānghu páng biān |

Para onde?	到哪儿?	dào nǎr?
aqui	到这儿	dào zhèr
para lá	往那边	wǎng nà bian
daqui	从这里	cóng zhè lǐ
de lá, dali	从那里	cóng nà lǐ

| perto | 附近 | fù jìn |
| longe | 远 | yuǎn |

perto de …	在 … 附近	zài … fù jìn
à mão, perto	在附近，在近处	zài fù jìn, zài jìn chǔ
não fica longe	不远	bù yuǎn

esquerdo (adj)	左边的	zuǒ bian de
à esquerda	在左边	zài zuǒ bian
para a esquerda	往左	wàng zuǒ

direito (adj)	右边的	yòu bian de
à direita	在右边	zài yòu bian
para a direita	往右	wàng yòu

em frente	在前面	zài qián miàn
da frente	前 … ，前面的	qián …, qián miàn de
adiante (para a frente)	先走	xiān zǒu

atrás de …	在后面	zài hòu miàn
de trás	从后面	cóng hòu miàn
para trás	往后	wàng hòu

| meio (m), metade (f) | 中间 | zhōng jiān |
| no meio | 在中间 | zài zhōng jiān |

do lado	在一边	zài yī biān
em todo lugar	到处	dào chù
por todos os lados	周围	zhōu wéi

de dentro	从里面	cóng lǐ miàn
para algum lugar	往某处	wàng mǒu chù
diretamente	径直地	jìng zhí de
de volta	往后	wàng hòu

| de algum lugar | 从任何地方 | cóng rèn hé de fāng |
| de algum lugar | 从某处 | cóng mǒu chù |

em primeiro lugar	第一	dì yī
em segundo lugar	第二	dì èr
em terceiro lugar	第三	dì sān
de repente	忽然	hū rán
no início	最初	zuì chū
pela primeira vez	初次	chū cì

muito antes de ...	… 之前很久	… zhī qián hěn jiǔ
de novo	重新	chóng xīn
para sempre	永远	yǒng yuǎn
nunca	从未	cóng wèi
de novo	再	zài
agora	目前	mù qián
frequentemente	经常	jīng cháng
então	当时	dāng shí
urgentemente	紧急地	jǐn jí de
normalmente	通常	tōng cháng
a propósito, ...	顺便	shùn biàn
é possível	可能	kě néng
provavelmente	大概	dà gài
talvez	可能	kě néng
além disso, ...	再说 …	zài shuō …
por isso ...	所以 …	suǒ yǐ …
apesar de ...	尽管 …	jǐn guǎn …
graças a ...	由于 …	yóu yú …
que (pron.)	什么	shén me
algo	某物	mǒu wù
alguma coisa	任何事	rèn hé shì
nada	毫不，决不	háo bù, jué bù
quem	谁	shéi
alguém (~ que ...)	有人	yǒu rén
alguém (com ~)	某人	mǒu rén
ninguém	无人	wú rén
para lugar nenhum	哪里都不	nǎ lǐ dōu bù
de ninguém	无人的	wú rén de
de alguém	某人的	mǒu rén de
tão	这么	zhè me
também (gostaria ~ de ...)	也	yě
também (~ eu)	也	yě

6. Palavras funcionais. Advérbios. Parte 2

Por quê?	为什么？	wèi shénme?
por alguma razão	由于某种原因	yóu yú mǒu zhǒng yuán yīn
porque ...	因为 …	yīn wèi …
por qualquer razão	不知为什么	bùzhī wèi shénme
e (tu ~ eu)	和	hé
ou (ser ~ não ser)	或者，还是	huò zhě, hái shì
mas (porém)	但	dàn
para (~ a minha mãe)	为	wèi
muito, demais	太	tài
só, somente	只	zhǐ
exatamente	精确地	jīng què de
cerca de (~ 10 kg)	大约	dà yuē

aproximadamente	大概	dà gài
aproximado (adj)	大概的	dà gài de
quase	差不多	chà bu duō
resto (m)	剩下的	shèng xià de
cada (adj)	每个的	měi gè de
qualquer (adj)	任何	rèn hé
muito, muitos, muitas	许多	xǔ duō
muitas pessoas	很多人	hěn duō rén
todos	都	dōu
em troca de …	作为交换	zuò wéi jiāo huàn
em troca	作为交换	zuò wéi jiāo huàn
à mão	手工	shǒu gōng
pouco provável	几乎不	jī hū bù
provavelmente	可能	kě néng
de propósito	故意	gù yì
por acidente	偶然的	ǒu rán de
muito	很	hěn
por exemplo	例如	lì rú
entre	之间	zhī jiān
entre (no meio de)	在 … 中	zài … zhōng
tanto	这么多	zhè me duō
especialmente	特别	tè bié

NÚMEROS. DIVERSOS

7. Números cardinais. Parte 1

zero	零	líng
um	一	yī
dois	二	èr
três	三	sān
quatro	四	sì
cinco	五	wǔ
seis	六	liù
sete	七	qī
oito	八	bā
nove	九	jiǔ
dez	十	shí
onze	十一	shí yī
doze	十二	shí èr
treze	十三	shí sān
catorze	十四	shí sì
quinze	十五	shí wǔ
dezesseis	十六	shí liù
dezessete	十七	shí qī
dezoito	十八	shí bā
dezenove	十九	shí jiǔ
vinte	二十	èrshí
vinte e um	二十一	èrshí yī
vinte e dois	二十二	èrshí èr
vinte e três	二十三	èrshí sān
trinta	三十	sānshí
trinta e um	三十一	sānshí yī
trinta e dois	三十二	sānshí èr
trinta e três	三十三	sānshí sān
quarenta	四十	sìshí
quarenta e um	四十一	sìshí yī
quarenta e dois	四十二	sìshí èr
quarenta e três	四十三	sìshí sān
cinquenta	五十	wǔshí
cinquenta e um	五十一	wǔshí yī
cinquenta e dois	五十二	wǔshí èr
cinquenta e três	五十三	wǔshí sān
sessenta	六十	liùshí
sessenta e um	六十一	liùshí yī

| sessenta e dois | 六十二 | liùshí èr |
| sessenta e três | 六十三 | liùshí sān |

setenta	七十	qīshí
setenta e um	七十一	qīshí yī
setenta e dois	七十二	qīshí èr
setenta e três	七十三	qīshí sān

oitenta	八十	bāshí
oitenta e um	八十一	bāshí yī
oitenta e dois	八十二	bāshí èr
oitenta e três	八十三	bāshí sān

noventa	九十	jiǔshí
noventa e um	九十一	jiǔshí yī
noventa e dois	九十二	jiǔshí èr
noventa e três	九十三	jiǔshí sān

8. Números cardinais. Parte 2

cem	一百	yī bǎi
duzentos	两百	liǎng bǎi
trezentos	三百	sān bǎi
quatrocentos	四百	sì bǎi
quinhentos	五百	wǔ bǎi

seiscentos	六百	liù bǎi
setecentos	七百	qī bǎi
oitocentos	八百	bā bǎi
novecentos	九百	jiǔ bǎi

mil	一千	yī qiān
dois mil	两千	liǎng qiān
três mil	三千	sān qiān
dez mil	一万	yī wàn
cem mil	十万	shí wàn
um milhão	百万	bǎi wàn
um bilhão	十亿	shíyì

9. Números ordinais

primeiro (adj)	第一	dì yī
segundo (adj)	第二	dì èr
terceiro (adj)	第三	dì sān
quarto (adj)	第四	dì sì
quinto (adj)	第五	dì wǔ

sexto (adj)	第六	dì liù
sétimo (adj)	第七	dì qī
oitavo (adj)	第八	dì bā
nono (adj)	第九	dì jiǔ
décimo (adj)	第十	dì shí

CORES. UNIDADES DE MEDIDA

10. Cores

cor (f)	颜色	yán sè
tom (m)	色调	sè diào
tonalidade (m)	色调	sè diào
arco-íris (m)	彩虹	cǎi hóng
branco (adj)	白的	bái de
preto (adj)	黑色的	hēi sè de
cinza (adj)	灰色的	huī sè de
verde (adj)	绿色的	lǜ sè de
amarelo (adj)	黄色的	huáng sè de
vermelho (adj)	红色的	hóng sè de
azul (adj)	蓝色的	lán sè
azul claro (adj)	天蓝色的	tiānlán sè
rosa (adj)	粉红色的	fěnhóng sè
laranja (adj)	橙色的	chéng sè de
violeta (adj)	紫色的	zǐ sè de
marrom (adj)	棕色的	zōng sè de
dourado (adj)	金色的	jīn sè de
prateado (adj)	银白色的	yín bái sè de
bege (adj)	浅棕色的	qiǎn zōng sè de
creme (adj)	奶油色的	nǎi yóu sè de
turquesa (adj)	青绿色的	qīng lǜ sè de
vermelho cereja (adj)	樱桃色的	yīng táo sè de
lilás (adj)	淡紫色的	dànzǐ sè de
carmim (adj)	深红色的	shēn hóng sè de
claro (adj)	淡色的	dàn sè de
escuro (adj)	深色的	shēn sè de
vivo (adj)	鲜艳的	xiān yàn de
de cor	有色的	yǒu sè de
a cores	彩色的	cǎi sè de
preto e branco (adj)	黑白色的	hēi bái sè de
unicolor (de uma só cor)	单色的	dān sè de
multicolor (adj)	杂色的	zá sè de

11. Unidades de medida

peso (m)	重量	zhòng liàng
comprimento (m)	长，长度	cháng, cháng dù

largura (f)	宽度	kuān dù
altura (f)	高度	gāo dù
profundidade (f)	深度	shēn dù
volume (m)	容量	róng liàng
área (f)	面积	miàn jī

grama (m)	克	kè
miligrama (m)	毫克	háo kè
quilograma (m)	公斤	gōng jīn
tonelada (f)	吨	dūn
libra (453,6 gramas)	磅	bàng
onça (f)	盎司	àng sī

metro (m)	米	mǐ
milímetro (m)	毫米	háo mǐ
centímetro (m)	厘米	límǐ
quilômetro (m)	公里	gōng lǐ
milha (f)	英里	yīng lǐ

polegada (f)	英寸	yīng cùn
pé (304,74 mm)	英尺	yīng chǐ
jarda (914,383 mm)	码	mǎ

| metro (m) quadrado | 平方米 | píng fāng mǐ |
| hectare (m) | 公顷 | gōng qǐng |

litro (m)	升	shēng
grau (m)	度	dù
volt (m)	伏, 伏特	fú, fú tè
ampère (m)	安培	ān péi
cavalo (m) de potência	马力	mǎ lì

quantidade (f)	量	liàng
um pouco de ...	一点	yī diǎn
metade (f)	一半	yī bàn
dúzia (f)	一打	yī dá
peça (f)	个	gè

| tamanho (m), dimensão (f) | 大小 | dà xiǎo |
| escala (f) | 比例 | bǐ lì |

mínimo (adj)	最低的	zuì dī de
menor, mais pequeno	最小的	zuì xiǎo de
médio (adj)	中等的	zhōng děng de
máximo (adj)	最多的	zuì duō de
maior, mais grande	最大的	zuì dà de

12. Recipientes

pote (m) de vidro	玻璃罐	bōli guàn
lata (~ de cerveja)	罐头	guàn tou
balde (m)	吊桶	diào tǒng
barril (m)	桶	tǒng
bacia (~ de plástico)	盆	pén

tanque (m)	箱	xiāng
cantil (m) de bolso	小酒壶	xiǎo jiǔ hú
galão (m) de gasolina	汽油罐	qì yóu guàn
cisterna (f)	储水箱	chǔ shuǐ xiāng
caneca (f)	马克杯	mǎkè bēi
xícara (f)	杯子	bēi zi
pires (m)	碟子	dié zi
copo (m)	杯子	bēi zi
taça (f) de vinho	酒杯	jiǔ bēi
panela (f)	炖锅	dùn guō
garrafa (f)	瓶子	píng zi
gargalo (m)	瓶颈	píng jǐng
jarra (f)	长颈玻璃瓶	chángjǐng bōli píng
jarro (m)	粘土壶	nián tǔ hú
recipiente (m)	器皿	qì mǐn
pote (m)	花盆	huā pén
vaso (m)	花瓶	huā píng
frasco (~ de perfume)	小瓶	xiǎo píng
frasquinho (m)	小玻璃瓶	xiǎo bōli píng
tubo (m)	软管	ruǎn guǎn
saco (ex. ~ de açúcar)	麻袋	má dài
sacola (~ plastica)	袋	dài
maço (de cigarros, etc.)	包，盒	bāo, hé
caixa (~ de sapatos, etc.)	盒子	hé zi
caixote (~ de madeira)	箱子	xiāng zi
cesto (m)	篮子	lán zi

VERBOS PRINCIPAIS

13. Os verbos mais importantes. Parte 1

abrir (vt)	开	kāi
acabar, terminar (vt)	结束	jié shù
aconselhar (vt)	建议	jià nyì
adivinhar (vt)	猜中	cāi zhòng
advertir (vt)	警告	jǐng gào
ajudar (vt)	帮助	bāng zhù
almoçar (vi)	吃午饭	chī wǔ fàn
alugar (~ um apartamento)	租房	zū fáng
amar (pessoa)	爱	ài
ameaçar (vt)	威胁	wēi xié
anotar (escrever)	记录	jì lù
apressar-se (vr)	赶紧	gǎn jǐn
arrepender-se (vr)	后悔	hòu huǐ
assinar (vt)	签名	qiān míng
brincar (vi)	开玩笑	kāi wán xiào
brincar, jogar (vi, vt)	玩	wán
buscar (vt)	寻找	xún zhǎo
caçar (vi)	打猎	dǎ liè
cair (vi)	跌倒	diē dǎo
cavar (vt)	挖	wā
chamar (~ por socorro)	呼	hū
chegar (vi)	来到	lái dào
chorar (vi)	哭	kū
começar (vt)	开始	kāi shǐ
comparar (vt)	比较	bǐ jiào
concordar (dizer "sim")	同意	tóng yì
confiar (vt)	信任	xìn rèn
confundir (equivocar-se)	混淆	hùn xiáo
conhecer (vt)	认识	rèn shi
contar (fazer contas)	计算	jì suàn
contar com ...	指望	zhǐ wàng
continuar (vt)	继续	jì xù
controlar (vt)	控制	kòng zhì
convidar (vt)	邀请	yāo qǐng
correr (vi)	跑	pǎo
criar (vt)	创造	chuàng zào
custar (vt)	价钱为	jià qian wèi

14. Os verbos mais importantes. Parte 2

dar (vt)	给	gěi
dar uma dica	暗示	àn shì
decorar (enfeitar)	装饰	zhuāng shì
defender (vt)	保卫	bǎo wèi
deixar cair (vt)	掉	diào
descer (para baixo)	下来	xià lai
desculpar-se (vr)	道歉	dào qiàn
dirigir (~ uma empresa)	管理	guǎn lǐ
discutir (notícias, etc.)	讨论	tǎo lùn
disparar, atirar (vi)	射击	shè jī
dizer (vt)	说	shuō
duvidar (vt)	怀疑	huái yí
encontrar (achar)	找到	zhǎo dào
enganar (vt)	骗	piàn
entender (vt)	明白	míng bai
entrar (na sala, etc.)	进来	jìn lái
enviar (uma carta)	寄	jì
errar (enganar-se)	犯错	fàn cuò
escolher (vt)	选	xuǎn
esconder (vt)	藏	cáng
escrever (vt)	写	xiě
esperar (aguardar)	等	děng
esperar (ter esperança)	希望	xī wàng
esquecer (vt)	忘	wàng
estudar (vt)	学习	xué xí
exigir (vt)	要求	yāo qiú
existir (vi)	存在	cún zài
explicar (vt)	说明	shuō míng
falar (vi)	说	shuō
faltar (a la escuela, etc.)	错过	cuò guò
fazer (vt)	做	zuò
ficar em silêncio	沉默	chén mò
gabar-se (vr)	自夸	zì kuā
gostar (apreciar)	喜欢	xǐ huan
gritar (vi)	叫喊	jiào hǎn
guardar (fotos, etc.)	保存	bǎo cún
informar (vt)	通知	tōng zhī
insistir (vi)	坚持	jiān chí
insultar (vt)	侮辱	wǔ rǔ
interessar-se (vr)	对 … 感兴趣	duì … gǎn xìng qù
ir (a pé)	走	zǒu
ir nadar	去游泳	qù yóu yǒng
jantar (vi)	吃晚饭	chī wǎn fàn

15. Os verbos mais importantes. Parte 3

ler (vt)	读	dú
libertar, liberar (vt)	解放	jiě fàng
matar (vt)	杀死	shā sǐ
mencionar (vt)	提到	tí dào
mostrar (vt)	展示	zhǎn shì

mudar (modificar)	改变	gǎi biàn
nadar (vi)	游泳	yóuyǒng
negar-se a … (vr)	拒绝	jù jué
objetar (vt)	反对	fǎn duì

observar (vt)	观察	guān chá
ordenar (mil.)	命令	mìng lìng
ouvir (vt)	听见	tīng jiàn
pagar (vt)	付，支付	fù, zhī fù
parar (vi)	停	tíng

parar, cessar (vt)	停止	tíng zhǐ
participar (vi)	参与	cān yù
pedir (comida, etc.)	订	dìng
pedir (um favor, etc.)	请求	qǐng qiú
pegar (tomar)	拿	ná

pegar (uma bola)	抓住	zhuā zhù
pensar (vi, vt)	想	xiǎng
perceber (ver)	注意到	zhù yì dào
perdoar (vt)	原谅	yuán liàng
perguntar (vt)	问	wèn

permitir (vt)	允许	yǔn xǔ
pertencer a … (vi)	属于	shǔ yú
planejar (vt)	计划	jì huà
poder (~ fazer algo)	能	néng
possuir (uma casa, etc.)	拥有	yōng yǒu

preferir (vt)	宁愿	nìng yuàn
preparar (vt)	做饭	zuò fàn
prever (vt)	预见	yù jiàn
prometer (vt)	承诺	chéng nuò
pronunciar (vt)	发音	fā yīn

propor (vt)	提议	tí yì
punir (castigar)	惩罚	chéng fá
quebrar (vt)	打破	dǎ pò
queixar-se de …	抱怨	bào yuàn
querer (desejar)	想，想要	xiǎng, xiǎng yào

16. Os verbos mais importantes. Parte 4

| ralhar, repreender (vt) | 责骂 | zé mà |
| recomendar (vt) | 推荐 | tuī jiàn |

repetir (dizer outra vez)	重复	chóng fù
reservar (~ um quarto)	预订	yù dìng
responder (vt)	回答	huí dá
rezar, orar (vi)	祈祷	qí dǎo
rir (vi)	笑	xiào
roubar (vt)	偷窃	tōu qiè
saber (vt)	知道	zhī dào
sair (~ de casa)	走出去	zǒu chū qù
salvar (resgatar)	救出	jiù chū
seguir (~ alguém)	跟随	gēn suí
sentar-se (vr)	坐下	zuò xia
ser necessário	需要	xū yào
ser, estar	当	dāng
significar (vt)	表示	biǎo shì
sorrir (vi)	微笑	wēi xiào
subestimar (vt)	轻视	qīng shì
surpreender-se (vr)	吃惊	chī jīng
tentar (~ fazer)	试图	shì tú
ter (vt)	有	yǒu
ter fome	饿	è
ter medo	害怕	hài pà
ter sede	渴	kě
tocar (com as mãos)	摸	mō
tomar café da manhã	吃早饭	chī zǎo fàn
trabalhar (vi)	工作	gōng zuò
traduzir (vt)	翻译	fān yì
unir (vt)	联合	lián hé
vender (vt)	卖	mài
ver (vt)	见，看见	jiàn, kàn jiàn
virar (~ para a direita)	转弯	zhuǎn wān
voar (vi)	飞	fēi

TEMPO. CALENDÁRIO

17. Dias da semana

segunda-feira (f)	星期一	xīng qī yī
terça-feira (f)	星期二	xīng qī èr
quarta-feira (f)	星期三	xīng qī sān
quinta-feira (f)	星期四	xīng qī sì
sexta-feira (f)	星期五	xīng qī wǔ
sábado (m)	星期六	xīng qī liù
domingo (m)	星期天	xīng qī tiān
hoje	今天	jīn tiān
amanhã	明天	míng tiān
depois de amanhã	后天	hòu tiān
ontem	昨天	zuó tiān
anteontem	前天	qián tiān
dia (m)	白天	bái tiān
dia (m) de trabalho	工作日	gōng zuò rì
feriado (m)	节日	jié rì
dia (m) de folga	休假日	xiū jià rì
fim (m) de semana	周末	zhōu mò
o dia todo	一整天	yī zhěng tiān
no dia seguinte	次日	cì rì
há dois dias	两天前	liǎng tiān qián
na véspera	前一天	qián yī tiān
diário (adj)	每天的	měi tiān de
todos os dias	每天地	měi tiān de
semana (f)	星期	xīng qī
na semana passada	上星期	shàng xīng qī
semana que vem	次周	cì zhōu
semanal (adj)	每周的	měi zhōu de
toda semana	每周	měi zhōu
duas vezes por semana	一周两次	yìzhōu liǎngcì
toda terça-feira	每个星期二	měi gè xīng qī èr

18. Horas. Dia e noite

manhã (f)	早晨	zǎo chén
de manhã	在上午	zài shàng wǔ
meio-dia (m)	中午	zhōng wǔ
à tarde	在下午	zài xià wǔ
tardinha (f)	晚间	wǎn jiān
à tardinha	在晚上	zài wǎn shang

noite (f)	夜晚	yè wǎn
à noite	夜间	yè jiān
meia-noite (f)	午夜	wǔ yè
segundo (m)	秒	miǎo
minuto (m)	分钟	fēn zhōng
hora (f)	小时	xiǎo shí
meia hora (f)	半小时	bàn xiǎo shí
quarto (m) de hora	一刻钟	yī kè zhōng
quinze minutos	十五分钟	shíwǔ fēn zhōng
vinte e quatro horas	昼夜	zhòuyè
nascer (m) do sol	日出	rì chū
amanhecer (m)	黎明	lí míng
madrugada (f)	清晨	qīng chén
pôr-do-sol (m)	日落	rì luò
de madrugada	一大早地	yī dà zǎo de
esta manhã	今天早上	jīntiān zǎo shang
amanhã de manhã	明天早上	míngtiān zǎo shang
esta tarde	今天下午	jīntiān xià wǔ
à tarde	在下午	zài xià wǔ
amanhã à tarde	明天下午	míngtiān xià wǔ
esta noite, hoje à noite	今晚	jīn wǎn
amanhã à noite	明天晚上	míngtiān wǎn shang
por volta das quatro	快到四点钟了	kuài dào sì diǎnzhōng le
às doze	十二点钟	shí èr diǎnzhōng
em vinte minutos	二十分钟 以后	èrshí fēnzhōng yǐhòu
em uma hora	在一个小时	zài yī gè xiǎo shí
a tempo	按时	àn shí
… um quarto para	差一刻	chà yī kè
dentro de uma hora	一小时内	yī xiǎo shí nèi
a cada quinze minutos	每个十五分钟	měi gè shíwǔ fēnzhōng
as vinte e quatro horas	日夜	rì yè

19. Meses. Estações

janeiro (m)	一月	yī yuè
fevereiro (m)	二月	èr yuè
março (m)	三月	sān yuè
abril (m)	四月	sì yuè
maio (m)	五月	wǔ yuè
junho (m)	六月	liù yuè
julho (m)	七月	qī yuè
agosto (m)	八月	bā yuè
setembro (m)	九月	jiǔ yuè
outubro (m)	十月	shí yuè
novembro (m)	十一月	shí yī yuè

dezembro (m)	十二月	shí èr yuè
primavera (f)	春季，春天	chūn jì
na primavera	在春季	zài chūn jì
primaveril (adj)	春天的	chūn tiān de
verão (m)	夏天	xià tiān
no verão	在夏天	zài xià tiān
de verão	夏天的	xià tiān de
outono (m)	秋天	qiū tiān
no outono	在秋季	zài qiū jì
outonal (adj)	秋天的	qiū tiān de
inverno (m)	冬天	dōng tiān
no inverno	在冬季	zài dōng jì
de inverno	冬天的	dōng tiān de
mês (m)	月，月份	yuè, yuèfèn
este mês	本月	běn yuè
mês que vem	次月	cì yuè
no mês passado	上个月	shàng gè yuè
um mês atrás	一个月前	yī gè yuè qián
em um mês	在一个月	zài yī gè yuè
em dois meses	过两个月	guò liǎng gè yuè
todo o mês	整个月	zhěnggè yuè
um mês inteiro	整个月	zhěnggè yuè
mensal (adj)	每月的	měi yuè de
mensalmente	每月	měi yuè
todo mês	每月	měi yuè
duas vezes por mês	一个月两次	yī gè yuè liǎngcì
ano (m)	年	nián
este ano	今年，本年度	jīn nián, běn nián dù
ano que vem	次年	cì nián
no ano passado	去年	qù nián
há um ano	一年前	yī nián qián
em um ano	在一年	zài yī nián
dentro de dois anos	过两年	guò liǎng nián
todo o ano	一整年	yī zhěng nián
um ano inteiro	表示一整年	biǎo shì yī zhěng nián
cada ano	每年	měi nián
anual (adj)	每年的	měi nián de
anualmente	每年	měi nián
quatro vezes por ano	一年四次	yī nián sì cì
data (~ de hoje)	日期	rìqī
data (ex. ~ de nascimento)	日期	rìqī
calendário (m)	日历	rìlì
meio ano	半年	bàn nián
seis meses	半年	bàn nián
estação (f)	季节	jì jié
século (m)	世纪	shì jì

VIAGENS. HOTEL

20. Viagens

turismo (m)	旅 游	lǚ yóu
turista (m)	旅行者	lǚ xíng zhě
viagem (f)	旅行	lǚ xíng
aventura (f)	冒险	mào xiǎn
percurso (curta viagem)	旅行	lǚ xíng
férias (f pl)	休假	xiū jià
estar de férias	放假	fàng jià
descanso (m)	休息	xiū xi
trem (m)	火车	huǒ chē
de trem (chegar ~)	乘火车	chéng huǒchē
avião (m)	飞机	fēijī
de avião	乘飞机	chéng fēijī
de carro	乘汽车	chéng qìchē
de navio	乘船	chéng chuán
bagagem (f)	行李	xíng li
mala (f)	手提箱	shǒu tí xiāng
carrinho (m)	行李车	xíng li chē
passaporte (m)	护照	hù zhào
visto (m)	签证	qiān zhèng
passagem (f)	票	piào
passagem (f) aérea	飞机票	fēijī piào
guia (m) de viagem	旅行指南	lǚ xíng zhǐ nán
mapa (m)	地图	dì tú
área (f)	地方	dì fang
lugar (m)	地方	dì fang
exotismo (m)	尖蕊鸢尾	jiān ruǐ yuān wěi
exótico (adj)	外来的	wài lái de
surpreendente (adj)	惊人的	jīng rén de
grupo (m)	组	zǔ
excursão (f)	游览	yóu lǎn
guia (m)	导游	dǎo yóu

21. Hotel

hotel (m)	酒店	jiǔ diàn
motel (m)	汽车旅馆	qì chē lǚ guǎn
três estrelas	三星级	sān xīng jí

cinco estrelas	五星级	wǔ xīng jí
ficar (vi, vt)	暂住	zàn zhù
quarto (m)	房间	fáng jiān
quarto (m) individual	单人间	dān rén jiān
quarto (m) duplo	双人间	shuāng rén jiān
reservar um quarto	订房间	dìng fáng jiān
meia pensão (f)	半膳宿	bàn shàn sù
pensão (f) completa	全食宿	quán shí sù
com banheira	带洗澡间	dài xǐ zǎo jiān
com chuveiro	带有淋浴	dài yǒu lín yù
televisão (m) por satélite	卫星电视	wèixīng diànshì
ar (m) condicionado	空调	kōng tiáo
toalha (f)	毛巾，浴巾	máo jīn, yù jīn
chave (f)	钥匙	yào shi
administrador (m)	管理者	guǎn lǐ zhě
camareira (f)	女服务员	nǚ fú wù yuán
bagageiro (m)	行李生	xíng li shēng
porteiro (m)	看门人	kān mén rén
restaurante (m)	饭馆	fàn guǎn
bar (m)	酒吧	jiǔ bā
café (m) da manhã	早饭	zǎo fàn
jantar (m)	晚餐	wǎn cān
bufê (m)	自助餐	zì zhù cān
saguão (m)	大厅	dà tīng
elevador (m)	电梯	diàn tī
NÃO PERTURBE	请勿打扰	qǐng wù dǎ rǎo
PROIBIDO FUMAR!	禁止吸烟	jìnzhǐ xīyān

22. Turismo

monumento (m)	纪念像	jì niàn xiàng
fortaleza (f)	堡垒	bǎo lěi
palácio (m)	宫殿	gōng diàn
castelo (m)	城堡	chéng bǎo
torre (f)	塔	tǎ
mausoléu (m)	陵墓	líng mù
arquitetura (f)	建筑	jiàn zhù
medieval (adj)	中世纪的	zhōng shì jì de
antigo (adj)	古老的	gǔ lǎo de
nacional (adj)	国家，国民	guó jiā, guó mín
famoso, conhecido (adj)	有名的	yǒu míng de
turista (m)	旅行者	lǚ xíng zhě
guia (pessoa)	导游	dǎo yóu
excursão (f)	游览	yóu lǎn
mostrar (vt)	把 … 给 … 看	bǎ … gěi … kàn

contar (vt)	讲	jiǎng
encontrar (vt)	找到	zhǎo dào
perder-se (vr)	迷路	mí lù
mapa (~ do metrô)	地图	dì tú
mapa (~ da cidade)	地图	dì tú
lembrança (f), presente (m)	纪念品	jì niàn pǐn
loja (f) de presentes	礼品店	lǐ pǐn diàn
tirar fotos, fotografar	拍照	pāi zhào
fotografar-se (vr)	拍照	pāi zhào

TRANSPORTES

23. Aeroporto

aeroporto (m)	机场	jī chǎng
avião (m)	飞机	fēijī
companhia (f) aérea	航空公司	hángkōng gōngsī
controlador (m) de tráfego aéreo	调度员	diào dù yuán
partida (f)	出发	chū fā
chegada (f)	到达	dào dá
chegar (vi)	到达	dào dá
hora (f) de partida	起飞时间	qǐ fēi shíjiān
hora (f) de chegada	到达时间	dào dá shíjiān
estar atrasado	晚点	wǎn diǎn
atraso (m) de voo	班机晚点	bān jī wǎn diǎn
painel (m) de informação	航班信息板	háng bān xìn xī bǎn
informação (f)	信息	xìn xī
anunciar (vt)	通知	tōng zhī
voo (m)	航班，班机	háng bān, bān jī
alfândega (f)	海关	hǎi guān
funcionário (m) da alfândega	海关人员	hǎi guān rényuán
declaração (f) alfandegária	报关单	bào guān dān
preencher a declaração	填报关单	tián bào guān dān
controle (m) de passaporte	护照检查	hùzhào jiǎnchá
bagagem (f)	行李	xíng li
bagagem (f) de mão	手提行李	shǒu tí xíng li
carrinho (m)	行李车	xíng li chē
pouso (m)	着陆	zhuó lù
pista (f) de pouso	跑道	pǎo dào
aterrissar (vi)	着陆	zhuó lù
escada (f) de avião	舷梯	xián tī
check-in (m)	办理登机	bàn lǐ dēng jī
balcão (m) do check-in	办理登机手续处	bàn lǐ dēng jī shǒu xù chù
fazer o check-in	登记	dēng jì
cartão (m) de embarque	登机牌	dēng jī pái
portão (m) de embarque	登机口	dēng jī kǒu
trânsito (m)	中转	zhōng zhuǎn
esperar (vi, vt)	等候	děng hòu
sala (f) de espera	出发大厅	chū fā dà tīng

31

despedir-se (acompanhar)	送别	sòng bié
despedir-se (dizer adeus)	说再见	shuō zài jiàn

24. Avião

avião (m)	飞机	fēijī
passagem (f) aérea	飞机票	fēijī piào
companhia (f) aérea	航空公司	hángkōng gōngsī
aeroporto (m)	机场	jī chǎng
supersônico (adj)	超音速的	chāo yīn sù de
comandante (m) do avião	机长	jī zhǎng
tripulação (f)	机组	jī zǔ
piloto (m)	飞行员	fēi xíng yuán
aeromoça (f)	空姐	kōng jiě
copiloto (m)	领航员	lǐng háng yuán
asas (f pl)	机翼	jī yì
cauda (f)	机尾	jī wěi
cabine (f)	座舱	zuò cāng
motor (m)	发动机	fā dòng jī
trem (m) de pouso	起落架	qǐ luò jià
turbina (f)	涡轮	wō lún
hélice (f)	螺旋桨	luó xuán jiǎng
caixa-preta (f)	黑匣子	hēi xiá zi
coluna (f) de controle	飞机驾驶盘	fēijī jiàshǐpán
combustível (m)	燃料	rán liào
instruções (f pl) de segurança	指南	zhǐ nán
máscara (f) de oxigênio	氧气面具	yǎngqì miànjù
uniforme (m)	制服	zhì fú
colete (m) salva-vidas	救生衣	jiù shēng yī
paraquedas (m)	降落伞	jiàng luò sǎn
decolagem (f)	起飞	qǐ fēi
descolar (vi)	起飞	qǐ fēi
pista (f) de decolagem	跑道	pǎo dào
visibilidade (f)	可见度	kě jiàn dù
voo (m)	飞行	fēi xíng
altura (f)	高度	gāo dù
poço (m) de ar	气潭	qì tán
assento (m)	座位	zuò wèi
fone (m) de ouvido	耳机	ěr jī
mesa (f) retrátil	折叠托盘	zhé dié tuō pán
janela (f)	舷窗，机窗	xián chuāng, jī chuāng
corredor (m)	过道	guò dào

25. Comboio

trem (m)	火车	huǒ chē
trem (m) elétrico	电动火车	diàndòng huǒ chē

trem (m)	快车	kuài chē
locomotiva (f) diesel	内燃机车	nèiránjī chē
locomotiva (f) a vapor	蒸汽机车	zhēngqìjī chē

| vagão (f) de passageiros | 铁路客车 | tiě lù kè chē |
| vagão-restaurante (m) | 餐车 | cān chē |

carris (m pl)	铁轨	tiě guǐ
estrada (f) de ferro	铁路	tiě lù
travessa (f)	枕木	zhěn mù

plataforma (f)	月台	yuè tái
linha (f)	月台	yuè tái
semáforo (m)	臂板信号机	bìbǎn xìnhào jī
estação (f)	火车站	huǒ chē zhàn

maquinista (m)	火车司机	huǒ chē sī jī
bagageiro (m)	搬运工	bān yùn gōng
hospedeiro, -a (m, f)	列车员	liè chē yuán
passageiro (m)	乘客	chéng kè
revisor (m)	列车员	liè chē yuán

| corredor (m) | 走廊 | zǒu láng |
| freio (m) de emergência | 紧急制动器 | jǐn jí zhì dòng qì |

compartimento (m)	包房	bāo fáng
cama (f)	卧铺	wò pù
cama (f) de cima	上铺	shàng pù
cama (f) de baixo	下铺	xià pù
roupa (f) de cama	被单	bèi dān

passagem (f)	票	piào
horário (m)	列车时刻表	lièchē shíkèbiǎo
painel (m) de informação	时刻表	shí kè biǎo

partir (vt)	离开	lí kāi
partida (f)	发车	fā chē
chegar (vi)	到达	dào dá
chegada (f)	到达	dào dá

chegar de trem	乘坐火车抵达	chéngzuò huǒchē dǐdá
pegar o trem	上车	shàng chē
descer de trem	下车	xià chē

locomotiva (f) a vapor	蒸汽机车	zhēngqìjī chē
foguista (m)	添煤工	tiān méi gōng
fornalha (f)	火箱	huǒ xiāng
carvão (m)	煤炭	méi tàn

26. Barco

navio (m)	大船	dà chuán
embarcação (f)	船	chuán
barco (m) a vapor	汽船	qì chuán

barco (m) fluvial	江轮	jiāng lún
transatlântico (m)	远洋班轮	yuǎn yáng bān lún
cruzeiro (m)	巡洋舰	xún yáng jiàn
iate (m)	快艇	kuài tǐng
rebocador (m)	拖轮	tuō lún
barcaça (f)	驳船	bó chuán
ferry (m)	渡轮，渡船	dù lún, dù chuán
veleiro (m)	帆船	fān chuán
bergantim (m)	双桅帆船	shuāng wéi fān chuán
quebra-gelo (m)	破冰船	pò bīng chuán
submarino (m)	潜水艇	qián shuǐ tǐng
bote, barco (m)	小船	xiǎo chuán
baleeira (bote salva-vidas)	小艇	xiǎo tǐng
bote (m) salva-vidas	救生艇	jiù shēng tǐng
lancha (f)	汽艇	qì tǐng
capitão (m)	船长，舰长	chuán zhǎng, jiàn zhǎng
marinheiro (m)	水手	shuǐ shǒu
marujo (m)	海员	hǎi yuán
tripulação (f)	船员	chuán yuán
contramestre (m)	水手长	shuǐ shǒu zhǎng
grumete (m)	小水手	xiǎo shuǐ shǒu
cozinheiro (m) de bordo	船上厨师	chuánshàng chúshī
médico (m) de bordo	随船医生	suí chuán yī shēng
convés (m)	甲板	jiǎ bǎn
mastro (m)	桅	wéi
vela (f)	帆	fān
porão (m)	货舱	huò cāng
proa (f)	船头	chuán tóu
popa (f)	船尾	chuán wěi
remo (m)	桨	jiǎng
hélice (f)	螺旋桨	luó xuán jiǎng
cabine (m)	小舱	xiǎo cāng
sala (f) dos oficiais	旅客休息室	lǚkè xiū xī shì
sala (f) das máquinas	轮机舱	lún jī cāng
ponte (m) de comando	舰桥	jiàn qiáo
sala (f) de comunicações	无线电室	wú xiàn diàn shì
onda (f)	波	bō
diário (m) de bordo	航海日志	háng hǎi rì zhì
luneta (f)	单筒望远镜	dān tǒng wàng yuǎn jìng
sino (m)	钟	zhōng
bandeira (f)	旗	qí
cabo (m)	缆绳	lǎn shéng
nó (m)	结	jié
corrimão (m)	栏杆	lán gān
prancha (f) de embarque	舷梯	xián tī

âncora (f)	锚	máo
recolher a âncora	起锚	qǐ máo
jogar a âncora	抛锚	pāo máo
amarra (corrente de âncora)	锚链	máo liàn
porto (m)	港市	gǎng shì
cais, amarradouro (m)	码头	mǎ tóu
atracar (vi)	系泊	jì bó
desatracar (vi)	启航	qǐ háng
viagem (f)	旅行	lǚ xíng
cruzeiro (m)	航游	háng yóu
rumo (m)	航向	háng xiàng
itinerário (m)	航线	háng xiàn
canal (m) de navegação	水路	shuǐ lù
banco (m) de areia	浅水	qiǎn shuǐ
encalhar (vt)	搁浅	gē qiǎn
tempestade (f)	风暴	fēng bào
sinal (m)	信号	xìn hào
afundar-se (vr)	沉没	chén mò
SOS	求救信号	qiú jiù xìn hào
boia (f) salva-vidas	救生圈	jiù shēng quān

CIDADE

27. Transportes urbanos

ônibus (m)	公共汽车	gōnggòng qìchē
bonde (m) elétrico	电车	diànchē
trólebus (m)	无轨电车	wúguǐ diànchē
rota (f), itinerário (m)	路线	lù xiàn
número (m)	号	hào
ir de ... (carro, etc.)	⋯ 去	... qù
entrar no ...	上车	shàng chē
descer do ...	下车	xià chē
parada (f)	车站	chē zhàn
próxima parada (f)	下一站	xià yī zhàn
terminal (m)	终点站	zhōng diǎn zhàn
horário (m)	时刻表	shí kè biǎo
esperar (vt)	等	děng
passagem (f)	票	piào
tarifa (f)	票价	piào jià
bilheteiro (m)	出纳	chū nà
controle (m) de passagens	查验车票	chá yàn chē piào
revisor (m)	售票员	shòu piào yuán
atrasar-se (vr)	误点	wù diǎn
perder (o autocarro, etc.)	未赶上	wèi gǎn shàng
estar com pressa	急忙	jí máng
táxi (m)	出租车	chūzūchē
taxista (m)	出租车司机	chūzūchē sī jī
de táxi (ir ~)	乘出租车	chéng chūzūchē
ponto (m) de táxis	出租车站	chūzūchē zhàn
chamar um táxi	叫计程车	jiào jì chéng chē
pegar um táxi	乘出租车	chéng chūzūchē
tráfego (m)	交通	jiāo tōng
engarrafamento (m)	堵车	dǔ chē
horas (f pl) de pico	高峰 时间	gāo fēng shí jiān
estacionar (vi)	停放	tíng fàng
estacionar (vt)	停放	tíng fàng
parque (m) de estacionamento	停车场	tíng chē cháng
metrô (m)	地铁	dì tiě
estação (f)	站	zhàn
ir de metrô	坐地铁	zuò dì tiě
trem (m)	火车	huǒ chē
estação (f) de trem	火车站	huǒ chē zhàn

28. Cidade. Vida na cidade

cidade (f)	城市	chéng shì
capital (f)	首都	shǒu dū
aldeia (f)	村庄	cūn zhuāng
mapa (m) da cidade	城市地图	chéng shì dìtú
centro (m) da cidade	城市中心	chéng shì zhōngxīn
subúrbio (m)	郊区	jiāo qū
suburbano (adj)	郊区的	jiāo qū de
periferia (f)	郊区	jiāo qū
arredores (m pl)	周围地区	zhōuwéi dì qū
quarteirão (m)	街区	jiē qū
quarteirão (m) residencial	住宅区	zhù zhái qū
tráfego (m)	交通	jiāo tōng
semáforo (m)	红绿灯	hóng lǜ dēng
transporte (m) público	公共交通	gōng gòng jiāo tōng
cruzamento (m)	十字路口	shí zì lù kǒu
faixa (f)	人行横道	rén xíng héng dào
túnel (m) subterrâneo	人行地道	rén xíng dìdào
cruzar, atravessar (vt)	穿马路	chuān mǎ lù
pedestre (m)	行人	xíng rén
calçada (f)	人行道	rén xíng dào
ponte (f)	桥	qiáo
margem (f) do rio	堤岸	dī àn
fonte (f)	喷泉	pēn quán
alameda (f)	小巷	xiǎo xiàng
parque (m)	公园	gōng yuán
bulevar (m)	林荫大道	lín yìn dàdào
praça (f)	广场	guǎng chǎng
avenida (f)	大街	dàjiē
rua (f)	路	lù
travessa (f)	胡同	hú tòng
beco (m) sem saída	死胡同	sǐ hú tòng
casa (f)	房子	fáng zi
edifício, prédio (m)	楼房，大厦	lóufáng, dàshà
arranha-céu (m)	摩天大楼	mó tiān dà lóu
fachada (f)	正面	zhèng miàn
telhado (m)	房顶	fáng dǐng
janela (f)	窗户	chuāng hu
arco (m)	拱门	gǒng mén
coluna (f)	柱	zhù
esquina (f)	拐角	guǎi jiǎo
vitrine (f)	商店橱窗	shāng diàn chú chuāng
letreiro (m)	招牌	zhāo pái
cartaz (do filme, etc.)	海报	hǎi bào
cartaz (m) publicitário	广告画	guǎnggào huà

painel (m) publicitário	广告牌	guǎnggào pái
lixo (m)	垃圾	lā jī
lata (f) de lixo	垃圾桶	lā jī tǒng
jogar lixo na rua	乱扔	luàn rēng
aterro (m) sanitário	垃圾堆	lājī duī
orelhão (m)	电话亭	diàn huà tíng
poste (m) de luz	路灯	lù dēng
banco (m)	长椅	chángyǐ
polícia (m)	警察	jǐng chá
polícia (instituição)	警察	jǐng chá
mendigo, pedinte (m)	乞丐	qǐgài

29. Instituições urbanas

loja (f)	商店	shāng diàn
drogaria (f)	药房	yào fáng
ótica (f)	眼镜店	yǎn jìng diàn
centro (m) comercial	百货商店	bǎihuò shāngdiàn
supermercado (m)	超市	chāo shì
padaria (f)	面包店	miànbāo diàn
padeiro (m)	面包师	miànbāo shī
pastelaria (f)	糖果店	tángguǒ diàn
açougue (m)	肉铺	ròu pù
fruteira (f)	水果店	shuǐ guǒ diàn
mercado (m)	市场	shì chǎng
cafeteria (f)	咖啡馆	kāfēi guǎn
restaurante (m)	饭馆	fàn guǎn
bar (m)	酒吧	jiǔ bā
pizzaria (f)	比萨饼店	bǐ sà bǐng diàn
salão (m) de cabeleireiro	理发店	lǐ fà diàn
agência (f) dos correios	邮局	yóu jú
lavanderia (f)	干洗店	gān xǐ diàn
estúdio (m) fotográfico	照相馆	zhào xiàng guǎn
sapataria (f)	鞋店	xié diàn
livraria (f)	书店	shū diàn
loja (f) de artigos esportivos	体育用品店	tǐ yù yòng pǐn diàn
costureira (m)	修衣服店	xiū yī fu diàn
aluguel (m) de roupa	服装出租	fú zhuāng chū zū
videolocadora (f)	DVD出租店	diwidi chūzūdiàn
circo (m)	马戏团	mǎ xì tuán
jardim (m) zoológico	动物园	dòng wù yuán
cinema (m)	电影院	diànyǐng yuàn
museu (m)	博物馆	bó wù guǎn
biblioteca (f)	图书馆	tú shū guǎn
teatro (m)	剧院	jù yuàn

ópera (f)	歌剧院	gē jù yuàn
boate (casa noturna)	夜总会	yè zǒng huì
cassino (m)	赌场	dǔ chǎng

mesquita (f)	清真寺	qīng zhēn sì
sinagoga (f)	犹太教堂	yóu tài jiào táng
catedral (f)	大教堂	dà jiào táng
templo (m)	庙宇，教堂	miào yǔ, jiào táng
igreja (f)	教堂	jiào táng

faculdade (f)	学院	xué yuàn
universidade (f)	大学	dà xué
escola (f)	学校	xué xiào

câmara (f) municipal	市政厅	shì zhèng tīng
hotel (m)	酒店	jiǔ diàn
banco (m)	银行	yín háng

embaixada (f)	大使馆	dà shǐ guǎn
agência (f) de viagens	旅行社	lǚ xíng shè
agência (f) de informações	问询处	wèn xún chù
casa (f) de câmbio	货币兑换处	huòbì duì huàn chù

| metrô (m) | 地铁 | dì tiě |
| hospital (m) | 医院 | yī yuàn |

| posto (m) de gasolina | 加油站 | jiā yóu zhàn |
| parque (m) de estacionamento | 停车场 | tíng chē cháng |

30. Sinais

letreiro (m)	招牌	zhāo pái
aviso (m)	题词	tí cí
cartaz, pôster (m)	宣传画	xuān chuán huà
placa (f) de direção	指路标志	zhǐ lù biāo zhì
seta (f)	箭头	jiàn tóu

aviso (advertência)	警告	jǐng gào
sinal (m) de aviso	警告	jǐng gào
avisar, advertir (vt)	警告	jǐng gào

dia (m) de folga	休假日	xiū jià rì
horário (~ dos trens, etc.)	时刻表	shí kè biǎo
horário (m)	营业时间	yíng yè shí jiān

BEM-VINDOS!	欢迎光临	huān yíng guāng lín
ENTRADA	入口	rù kǒu
SAÍDA	出口	chū kǒu

EMPURRE	推	tuī
PUXE	拉	lā
ABERTO	开门	kāi mén
FECHADO	关门	guān mén
MULHER	女洗手间	nǚ xǐshǒujiān

HOMEM	男洗手间	nán xǐshǒujiān
DESCONTOS	折扣	zhé kòu
SALDOS, PROMOÇÃO	销售	xiāoshòu
NOVIDADE!	新品！	xīnpǐn!
GRÁTIS	免费	miǎn fèi

ATENÇÃO!	请注意	qǐng zhù yì
NÃO HÁ VAGAS	客满	kè mǎn
RESERVADO	留座	liú zuò

| ADMINISTRAÇÃO | 高层管理者 | gāocéng guǎnlǐ zhě |
| SOMENTE PESSOAL AUTORIZADO | 仅限员工通行 | jǐn xiàn yuángōng tōngxíng |

CUIDADO CÃO FEROZ	当心狗！	dāng xīn gǒu!
PROIBIDO FUMAR!	禁止吸烟	jìnzhǐ xīyān
NÃO TOCAR	禁止触摸	jìn zhǐ chù mō

PERIGOSO	危险	wēi xiǎn
PERIGO	危险	wēi xiǎn
ALTA TENSÃO	高压危险	gāo yā wēi xiǎn
PROIBIDO NADAR	禁止游泳	jìnzhǐ yóuyǒng
COM DEFEITO	故障中	gù zhàng zhōng

INFLAMÁVEL	易燃物质	yì rán wù zhì
PROIBIDO	禁止	jìn zhǐ
ENTRADA PROIBIDA	禁止通行	jìnzhǐ tōng xíng
CUIDADO TINTA FRESCA	油漆未干	yóu qī wèi gān

31. Compras

comprar (vt)	买，购买	mǎi, gòu mǎi
compra (f)	购买	gòu mǎi
fazer compras	去买东西	qù mǎi dōng xi
compras (f pl)	购物	gòu wù

| estar aberta (loja) | 营业 | yíng yè |
| estar fechada | 关门 | guān mén |

calçado (m)	鞋类	xié lèi
roupa (f)	服装	fú zhuāng
cosméticos (m pl)	化妆品	huà zhuāng pǐn
alimentos (m pl)	食品	shí pǐn
presente (m)	礼物	lǐ wù

| vendedor (m) | 售货员 | shòu huò yuán |
| vendedora (f) | 女售货员 | nǚ shòuhuò yuán |

caixa (f)	收银台	shōu yín tái
espelho (m)	镜子	jìng zi
balcão (m)	柜台	guì tái
provador (m)	试衣间	shì yī jiān
provar (vt)	试穿	shì chuān
servir (roupa, caber)	合适	hé shì

gostar (apreciar)	喜欢	xǐ huan
preço (m)	价格	jià gé
etiqueta (f) de preço	价格标签	jià gé biāo qiān
custar (vt)	价钱为	jià qian wèi
Quanto?	多少钱？	duōshao qián?
desconto (m)	折扣	zhé kòu
não caro (adj)	不贵的	bù guì de
barato (adj)	便宜的	pián yi de
caro (adj)	贵的	guì de
É caro	这个太贵	zhège tàiguì
aluguel (m)	出租	chū zū
alugar (roupas, etc.)	租用	zū yòng
crédito (m)	赊购	shē gòu
a crédito	赊欠	shē qiàn

VESTUÁRIO & ACESSÓRIOS

32. Roupa exterior. Casacos

roupa (f)	服装	fú zhuāng
roupa (f) exterior	外衣，上衣	wài yī, shàng yī
roupa (f) de inverno	寒衣	hán yī
sobretudo (m)	大衣	dà yī
casaco (m) de pele	皮大衣	pí dà yī
jaqueta (f) de pele	皮草短外套	pí cǎo duǎn wài tào
casaco (m) acolchoado	羽绒服	yǔ róng fú
casaco (m), jaqueta (f)	茄克衫	jiā kè shān
impermeável (m)	雨衣	yǔ yī
a prova d'água	不透水的	bù tòu shuǐ de

33. Vestuário de homem & mulher

camisa (f)	衬衫	chèn shān
calça (f)	裤子	kù zi
jeans (m)	牛仔裤	niú zǎi kù
paletó, terno (m)	西服上衣	xī fú shàng yī
terno (m)	套装	tào zhuāng
vestido (ex. ~ de noiva)	连衣裙	lián yī qún
saia (f)	裙子	qún zi
blusa (f)	女衬衫	nǚ chèn shān
casaco (m) de malha	针织毛衣	zhēn zhǐ máo yī
casaco, blazer (m)	茄克衫	jiā kè shān
camiseta (f)	T桖	T xù
short (m)	短裤	duǎn kù
training (m)	运动服	yùn dòng fú
roupão (m) de banho	浴衣	yù yī
pijama (m)	睡衣	shuì yī
suéter (m)	毛衣	máo yī
pulôver (m)	套头衫	tào tóu shān
colete (m)	马甲	mǎ jiǎ
fraque (m)	燕尾服	yàn wěi fú
smoking (m)	无尾礼服	wú wěi lǐ fú
uniforme (m)	制服	zhì fú
roupa (f) de trabalho	工作服	gōng zuò fú
macacão (m)	连体服	lián tǐ fú
jaleco (m), bata (f)	医师服	yī shī fú

34. Vestuário. Roupa interior

roupa (f) íntima	内衣	nèi yī
camiseta (f)	汗衫	hàn shān
meias (f pl)	短袜	duǎn wà
camisola (f)	睡衣	shuì yī
sutiã (m)	乳罩	rǔ zhào
meias longas (f pl)	膝上袜	xī shàng wà
meias-calças (f pl)	连裤袜	lián kù wà
meias (~ de nylon)	长筒袜	cháng tǒng wà
maiô (m)	游泳衣	yóu yǒng yī

35. Adereços de cabeça

chapéu (m), touca (f)	帽子	mào zi
chapéu (m) de feltro	礼帽	lǐ mào
boné (m) de beisebol	棒球帽	bàng qiú mào
boina (~ italiana)	鸭舌帽	yā shé mào
boina (ex. ~ basca)	贝雷帽	bèi léi mào
capuz (m)	风帽	fēng mào
chapéu panamá (m)	巴拿马草帽	bānámǎ cǎo mào
touca (f)	针织帽	zhēn zhī mào
lenço (m)	头巾	tóujīn
chapéu (m) feminino	女式帽	nǚshì mào
capacete (m) de proteção	安全帽	ān quán mào
bibico (m)	船形帽	chuán xíng mào
capacete (m)	头盔	tóu kuī
chapéu-coco (m)	圆顶礼帽	yuán dǐng lǐ mào
cartola (f)	大礼帽	dà lǐ mào

36. Calçado

calçado (m)	鞋类	xié lèi
botinas (f pl), sapatos (m pl)	短靴	duǎn xuē
sapatos (de salto alto, etc.)	翼尖鞋	yì jiān xié
botas (f pl)	靴子	xuē zi
pantufas (f pl)	拖鞋	tuō xié
tênis (~ Nike, etc.)	运动鞋	yùndòng xié
tênis (~ Converse)	胶底运动鞋	jiāodǐ yùndòng xié
sandálias (f pl)	凉鞋	liáng xié
sapateiro (m)	鞋匠	xié jiàng
salto (m)	鞋后跟	xié hòu gēn
par (m)	一双	yī shuāng
cadarço (m)	鞋带	xié dài

amarrar os cadarços	系鞋带	jì xié dài
calçadeira (f)	鞋拔	xié bá
graxa (f) para calçado	鞋油	xié yóu

37. Acessórios pessoais

luva (f)	手套	shǒu tào
mitenes (f pl)	连指手套	lián zhǐ shǒu tào
cachecol (m)	围巾	wéi jīn

óculos (m pl)	眼镜	yǎn jìng
armação (f)	眼镜框	yǎn jìng kuàng
guarda-chuva (m)	雨伞	yǔ sǎn
bengala (f)	手杖	shǒu zhàng
escova (f) para o cabelo	梳子	shū zi
leque (m)	扇子	shàn zi

gravata (f)	领带	lǐng dài
gravata-borboleta (f)	领结	lǐng jié
suspensórios (m pl)	吊裤带	diào kù dài
lenço (m)	手帕	shǒu pà

pente (m)	梳子	shū zi
fivela (f) para cabelo	发夹	fà jiā
grampo (m)	发针	fà zhēn
fivela (f)	皮带扣	pí dài kòu

| cinto (m) | 腰带 | yāo dài |
| alça (f) de ombro | 肩带 | jiān dài |

bolsa (f)	包	bāo
bolsa (feminina)	女手提包	nǚ shǒutí bāo
mochila (f)	背包	bēi bāo

38. Vestuário. Diversos

moda (f)	时装	shí zhuāng
na moda (adj)	正在流行	zhèng zài liú xíng
estilista (m)	时装设计师	shízhuāng shèjìshī

colarinho (m)	衣领，领子	yī lǐng, lǐng zi
bolso (m)	口袋	kǒu dài
de bolso	口袋的	kǒu dài de
manga (f)	袖子	xiù zi
ganchinho (m)	挂衣环	guà yī huán
bragueta (f)	前开口	qián kāi kǒu

zíper (m)	拉链	lā liàn
colchete (m)	扣子	kòu zi
botão (m)	纽扣	niǔ kòu
botoeira (casa de botão)	纽扣孔	niǔ kòu kǒng
soltar-se (vr)	掉	diào

costurar (vi)	缝纫	féng rèn
bordar (vt)	绣	xiù
bordado (m)	绣花	xiù huā
agulha (f)	针	zhēn
fio, linha (f)	线	xiàn
costura (f)	线缝	xiàn féng

sujar-se (vr)	弄脏	nòng zāng
mancha (f)	污点，污迹	wū diǎn, wū jì
amarrotar-se (vr)	起皱	qǐ zhòu
rasgar (vt)	扯破	chě pò
traça (f)	衣蛾	yī é

39. Cuidados pessoais. Cosméticos

pasta (f) de dente	牙膏	yá gāo
escova (f) de dente	牙刷	yá shuā
escovar os dentes	刷牙	shuā yá

gilete (f)	剃须刀	tì xū dāo
creme (m) de barbear	剃须膏	tì xū gāo
barbear-se (vr)	刮脸	guā liǎn

| sabonete (m) | 肥皂 | féi zào |
| xampu (m) | 洗发液 | xǐ fā yè |

tesoura (f)	剪子，剪刀	jiǎn zi, jiǎndāo
lixa (f) de unhas	指甲锉	zhǐ jia cuò
corta-unhas (m)	指甲钳	zhǐ jia qián
pinça (f)	镊子	niè zi

cosméticos (m pl)	化妆品	huà zhuāng pǐn
máscara (f)	面膜	miàn mó
manicure (f)	美甲	měi jiǎ
fazer as unhas	修指甲	xiū zhǐ jia
pedicure (f)	足部护理	zú bù hù lǐ

bolsa (f) de maquiagem	化妆包	huà zhuāng bāo
pó (de arroz)	粉	fěn
pó (m) compacto	粉盒	fěn hé
blush (m)	胭脂	yān zhī

perfume (m)	香水	xiāng shuǐ
água-de-colônia (f)	香水	xiāng shuǐ
loção (f)	润肤液	rùn fū yè
colônia (f)	古龙水	gǔ lóng shuǐ

sombra (f) de olhos	眼影	yǎn yǐng
delineador (m)	眼线笔	yǎn xiàn bǐ
máscara (f), rímel (m)	睫毛膏	jié máo gāo

batom (m)	口红	kǒu hóng
esmalte (m)	指甲油	zhǐjia yóu
laquê (m), spray fixador (m)	喷雾发胶	pēn wù fà jiāo

desodorante (m)	除臭剂	chú chòu jì
creme (m)	护肤霜	hù fū shuāng
creme (m) de rosto	面霜	miàn shuāng
creme (m) de mãos	护手霜	hù shǒu shuāng
creme (m) antirrugas	抗皱霜	kàng zhòu shuāng
de dia	白天的	bái tiān de
da noite	夜间的	yè jiān de
absorvente (m) interno	卫生棉条	wèi shēng mián tiáo
papel (m) higiênico	卫生纸	wèi shēng zhǐ
secador (m) de cabelo	吹风机	chuī fēng jī

40. Relógios de pulso. Relógios

relógio (m) de pulso	手表	shǒu biǎo
mostrador (m)	钟面	zhōng miàn
ponteiro (m)	指针	zhǐ zhēn
bracelete (em aço)	手表链	shǒu biǎo liàn
bracelete (em couro)	表带	biǎo dài
pilha (f)	电池	diàn chí
acabar (vi)	没电	méi diàn
trocar a pilha	换电池	huàn diàn chí
estar adiantado	快	kuài
estar atrasado	慢	màn
relógio (m) de parede	挂钟	guà zhōng
ampulheta (f)	沙漏	shā lòu
relógio (m) de sol	日规	rì guī
despertador (m)	闹钟	nào zhōng
relojoeiro (m)	钟表匠	zhōng biǎo jiàng
reparar (vt)	修理	xiū lǐ

EXPERIÊNCIA DO QUOTIDIANO

41. Dinheiro

dinheiro (m)	钱，货币	qián, huòbì
câmbio (m)	兑换	duì huàn
taxa (f) de câmbio	汇率	huì lǜ
caixa (m) eletrônico	自动取款机	zì dòng qǔ kuǎn jī
moeda (f)	硬币	yìngbì
dólar (m)	美元	měi yuán
euro (m)	欧元	ōu yuán
lira (f)	里拉	lǐ lā
marco (m)	德国马克	dé guó mǎ kè
franco (m)	法郎	fǎ láng
libra (f) esterlina	英镑	yīng bàng
iene (m)	日元	rì yuán
dívida (f)	债务	zhài wù
devedor (m)	债务人	zhài wù rén
emprestar (vt)	借给	jiè gěi
pedir emprestado	借	jiè
banco (m)	银行	yín háng
conta (f)	账户	zhànghù
depositar na conta	存款	cún kuǎn
sacar (vt)	提取	tí qǔ
cartão (m) de crédito	信用卡	xìn yòng kǎ
dinheiro (m) vivo	现金	xiàn jīn
cheque (m)	支票	zhī piào
passar um cheque	开支票	kāi zhī piào
talão (m) de cheques	支票本	zhīpiào běn
carteira (f)	钱包	qián bāo
niqueleira (f)	零钱包	líng qián bāo
cofre (m)	保险柜	bǎo xiǎn guì
herdeiro (m)	继承人	jì chéng rén
herança (f)	遗产	yí chǎn
fortuna (riqueza)	财产，财富	cáichǎn, cáifù
arrendamento (m)	租赁	zū lìn
aluguel (pagar o ~)	租金	zū jīn
alugar (vt)	租房	zū fáng
preço (m)	价格	jià gé
custo (m)	价钱	jià qian
soma (f)	金额	jīn é

gastar (vt)	花	huā
gastos (m pl)	花费	huā fèi
economizar (vi)	节省	jié shěng
econômico (adj)	节约的	jié yuē de
pagar (vt)	付，支付	fù, zhī fù
pagamento (m)	酬金	chóu jīn
troco (m)	零钱	líng qián
imposto (m)	税，税款	shuì, shuì kuǎn
multa (f)	罚款	fá kuǎn
multar (vt)	罚款	fá kuǎn

42. Correios. Serviço postal

agência (f) dos correios	邮局	yóu jú
correio (m)	邮件	yóu jiàn
carteiro (m)	邮递员	yóu dì yuán
horário (m)	营业时间	yíng yè shí jiān
carta (f)	信，信函	xìn, xìn hán
carta (f) registada	挂号信	guà hào xìn
cartão (m) postal	明信片	míng xìn piàn
telegrama (m)	电报	diàn bào
encomenda (f)	包裹，邮包	bāo guǒ, yóu bāo
transferência (f) de dinheiro	汇款资讯	huì kuǎn zī xùn
receber (vt)	收到	shōu dào
enviar (vt)	寄	jì
envio (m)	发信	fā xìn
endereço (m)	地址	dì zhǐ
código (m) postal	邮编	yóu biān
remetente (m)	发信人	fā xìn rén
destinatário (m)	收信人	shōu xìn rén
nome (m)	名字	míng zi
sobrenome (m)	姓	xìng
tarifa (f)	费率	fèi lǜ
ordinário (adj)	普通	pǔ tōng
econômico (adj)	经济的	jīng jì de
peso (m)	重量	zhòng liàng
pesar (estabelecer o peso)	称重	chēng zhòng
envelope (m)	信封	xìn fēng
selo (m) postal	邮票	yóu piào

43. Banca

banco (m)	银行	yín háng
balcão (f)	分支机构	fēn zhī jī gòu

consultor (m) bancário	顾问	gù wèn
gerente (m)	主管人	zhǔ guǎn rén

conta (f)	账户	zhànghù
número (m) da conta	账号	zhàng hào
conta (f) corrente	活期帐户	huó qī zhànghù
conta (f) poupança	储蓄账户	chǔ xù zhànghù

abrir uma conta	开立账户	kāilì zhànghù
fechar uma conta	关闭 帐户	guān bì zhànghù
depositar na conta	存入帐户	cúnrù zhànghù
sacar (vt)	提取	tí qǔ

depósito (m)	存款	cún kuǎn
fazer um depósito	存款	cún kuǎn
transferência (f) bancária	汇款	huì kuǎn
transferir (vt)	汇款	huì kuǎn

soma (f)	金额	jīn é
Quanto?	多少钱?	duōshao qián?

assinatura (f)	签名	qiān míng
assinar (vt)	签名	qiān míng

cartão (m) de crédito	信用卡	xìn yòng kǎ
senha (f)	密码	mì mǎ
número (m) do cartão de crédito	信用卡号码	xìn yòng kǎ hào mǎ
caixa (m) eletrônico	自动取款机	zì dòng qǔ kuǎn jī

cheque (m)	支票	zhī piào
passar um cheque	开支票	kāi zhī piào
talão (m) de cheques	支票本	zhīpiào běn

empréstimo (m)	贷款	dàikuǎn
pedir um empréstimo	借款	jiè kuǎn
obter empréstimo	取得贷款	qǔ dé dàikuǎn
dar um empréstimo	贷款给 ···	dàikuǎn gěi ...
garantia (f)	保证	bǎo zhèng

44. Telefone. Conversação telefônica

telefone (m)	电话	diàn huà
celular (m)	手机	shǒu jī
secretária (f) eletrônica	答录机	dā lù jī

fazer uma chamada	打电话	dǎ diàn huà
chamada (f)	电话	diàn huà

discar um número	拨号码	bō hào mǎ
Alô!	喂!	wèi!
perguntar (vt)	问	wèn
responder (vt)	接电话	jiē diàn huà
ouvir (vt)	听见	tīng jiàn

bem	好	hǎo
mal	不好	bù hǎo
ruído (m)	干扰声	gān rǎo shēng
fone (m)	听筒	tīng tǒng
pegar o telefone	接听	jiē tīng
desligar (vi)	挂断	guà duàn
ocupado (adj)	占线的	zhàn xiàn de
tocar (vi)	响	xiǎng
lista (f) telefônica	电话薄	diàn huà bù
local (adj)	本地的	běn dì de
de longa distância	长途	cháng tú
internacional (adj)	国际的	guó jì de

45. Telefone móvel

celular (m)	手机	shǒu jī
tela (f)	显示器	xiǎn shì qì
botão (m)	按钮	àn niǔ
cartão SIM (m)	SIM 卡	sim kǎ
bateria (f)	电池	diàn chí
descarregar-se (vr)	没电	méi diàn
carregador (m)	充电器	chōng diàn qì
menu (m)	菜单	cài dān
configurações (f pl)	设置	shè zhì
melodia (f)	曲调	qǔ diào
escolher (vt)	挑选	tiāo xuǎn
calculadora (f)	计算器	jì suàn qì
correio (m) de voz	答录机	dā lù jī
despertador (m)	闹钟	nào zhōng
contatos (m pl)	电话薄	diàn huà bù
mensagem (f) de texto	短信	duǎn xìn
assinante (m)	用户	yòng hù

46. Estacionário

caneta (f)	圆珠笔	yuán zhū bǐ
caneta (f) tinteiro	钢笔	gāng bǐ
lápis (m)	铅笔	qiān bǐ
marcador (m) de texto	荧光笔	yíng guāng bǐ
caneta (f) hidrográfica	水彩笔	shuǐ cǎi bǐ
bloco (m) de notas	记事簿	jì shì bù
agenda (f)	日记本	rì jì běn
régua (f)	直尺	zhí chǐ

calculadora (f)	计算器	jì suàn qì
borracha (f)	橡皮擦	xiàng pí cā
alfinete (m)	图钉	tú dīng
clipe (m)	回形针	huí xíng zhēn
cola (f)	胶水	jiāo shuǐ
grampeador (m)	钉书机	dīng shū jī
furador (m) de papel	打孔机	dǎ kǒng jī
apontador (m)	卷笔刀	juǎn bǐ dāo

47. Línguas estrangeiras

língua (f)	语言	yǔ yán
língua (f) estrangeira	外语	wài yǔ
estudar (vt)	学习	xué xí
aprender (vt)	学，学习	xué, xué xí
ler (vt)	读	dú
falar (vi)	说	shuō
entender (vt)	明白	míng bai
escrever (vt)	写	xiě
rapidamente	快	kuài
devagar, lentamente	慢慢地	màn màn de
fluentemente	流利	liú lì
regras (f pl)	规则	guī zé
gramática (f)	语法	yǔ fǎ
vocabulário (m)	词汇	cí huì
fonética (f)	语音学	yǔ yīn xué
livro (m) didático	课本	kè běn
dicionário (m)	词典	cí diǎn
manual (m) autodidático	自学的书	zì xué de shū
guia (m) de conversação	短语手册	duǎn yǔ shǒu cè
fita (f) cassete	磁带	cí dài
videoteipe (m)	录像带	lù xiàng dài
CD (m)	光盘	guāng pán
DVD (m)	数字影碟	shù zì yǐng dié
alfabeto (m)	字母表	zì mǔ biǎo
soletrar (vt)	拼写	pīn xiě
pronúncia (f)	发音	fā yīn
sotaque (m)	口音	kǒu yin
com sotaque	带口音	dài kǒu yin
sem sotaque	没有口音	méiyǒu kǒuyin
palavra (f)	字，单词	zì, dāncí
sentido (m)	意义	yì yì
curso (m)	讲座	jiǎng zuò
inscrever-se (vr)	报名	bào míng

professor (m)	老师	lǎo shī
tradução (processo)	翻译	fān yì
tradução (texto)	翻译	fān yì
tradutor (m)	翻译，译者	fān yì, yì zhě
intérprete (m)	口译者	kǒu yì zhě
memória (f)	记忆力	jì yì lì

REFEIÇÕES. RESTAURANTE

48. Por a mesa

colher (f)	勺子	sháo zi
faca (f)	刀，刀子	dāo, dāo zi
garfo (m)	叉，餐叉	chā, cān chā
xícara (f)	杯子	bēi zi
prato (m)	盘子	pán zi
pires (m)	碟子	dié zi
guardanapo (m)	餐巾	cān jīn
palito (m)	牙签	yá qiān

49. Restaurante

restaurante (m)	饭馆	fàn guǎn
cafeteria (f)	咖啡馆	kāfēi guǎn
bar (m), cervejaria (f)	酒吧	jiǔ bā
salão (m) de chá	茶馆	chá guǎn
garçom (m)	服务员	fú wù yuán
garçonete (f)	女服务员	nǚ fú wù yuán
barman (m)	酒保	jiǔ bǎo
cardápio (m)	菜单	cài dān
lista (f) de vinhos	酒单	jiǔ dān
reservar uma mesa	订桌子	dìng zhuō zi
prato (m)	菜	cài
pedir (vt)	订菜	dìng cài
fazer o pedido	订菜	dìng cài
aperitivo (m)	开胃酒	kāi wèi jiǔ
entrada (f)	开胃菜	kāi wèi cài
sobremesa (f)	甜点心	tián diǎn xīn
conta (f)	账单	zhàng dān
pagar a conta	付账	fù zhàng
dar o troco	找零钱	zhǎo líng qián
gorjeta (f)	小费	xiǎo fèi

50. Refeições

comida (f)	食物	shí wù
comer (vt)	吃	chī

café (m) da manhã	早饭	zǎo fàn
tomar café da manhã	吃早饭	chī zǎo fàn
almoço (m)	午饭	wǔ fàn
almoçar (vi)	吃午饭	chī wǔ fàn
jantar (m)	晚餐	wǎn cān
jantar (vi)	吃晚饭	chī wǎn fàn
apetite (m)	胃口	wèi kǒu
Bom apetite!	请慢用！	qǐng màn yòng!
abrir (~ uma lata, etc.)	打开	dǎ kāi
derramar (~ líquido)	洒出	sǎ chū
derramar-se (vr)	洒出	sǎ chū
ferver (vi)	煮开	zhǔ kāi
ferver (vt)	烧开	shāo kāi
fervido (adj)	煮开过的	zhǔ kāi guò de
esfriar (vt)	变凉	biàn liáng
esfriar-se (vr)	变凉	biàn liáng
sabor, gosto (m)	味道	wèi dào
fim (m) de boca	回味，余味	huí wèi, yú wèi
emagrecer (vi)	减肥	jiǎn féi
dieta (f)	日常饮食	rì cháng yǐn shí
vitamina (f)	维生素	wéi shēng sù
caloria (f)	卡路里	kǎlùlǐ
vegetariano (m)	素食者	sù shí zhě
vegetariano (adj)	素的	sù de
gorduras (f pl)	脂肪	zhī fáng
proteínas (f pl)	蛋白质	dàn bái zhì
carboidratos (m pl)	碳水化合物	tàn shuǐ huà hé wù
fatia (~ de limão, etc.)	一片	yī piàn
pedaço (~ de bolo)	一块	yī kuài
migalha (f), farelo (m)	面包屑	miàn bāo xiè

51. Pratos cozinhados

prato (m)	菜	cài
cozinha (~ portuguesa)	菜肴	cài yáo
receita (f)	烹饪法	pēng rèn fǎ
porção (f)	一份	yī fèn
salada (f)	沙拉	shā lā
sopa (f)	汤	tāng
caldo (m)	清汤	qīng tāng
sanduíche (m)	三明治	sān míng zhì
ovos (m pl) fritos	煎蛋	jiān dàn
hambúrguer (m)	汉堡	hàn bǎo
bife (m)	牛排	niú pái
acompanhamento (m)	配菜	pèi cài

espaguete (m)	意大利面条	yì dà lì miàn tiáo
purê (m) de batata	土豆泥	tǔ dòu ní
pizza (f)	比萨饼	bǐ sà bǐng
mingau (m)	麦片粥	mài piàn zhōu
omelete (f)	鸡蛋饼	jīdàn bǐng

fervido (adj)	煮熟的	zhǔ shóu de
defumado (adj)	熏烤的	xūn kǎo de
frito (adj)	油煎的	yóu jiān de
seco (adj)	干的	gān de
congelado (adj)	冷冻的	lěng dòng de
em conserva (adj)	醋渍的	cù zì de

doce (adj)	甜的	tián de
salgado (adj)	咸的	xián de
frio (adj)	冷的	lěng de
quente (adj)	烫的	tàng de
amargo (adj)	苦的	kǔ de
gostoso (adj)	美味的	měi wèi de

cozinhar em água fervente	做饭	zuò fàn
preparar (vt)	做饭	zuò fàn
fritar (vt)	油煎	yóu jiān
aquecer (vt)	加热	jiā rè

salgar (vt)	加盐	jiā yán
apimentar (vt)	加胡椒	jiā hú jiāo
ralar (vt)	磨碎	mò suì
casca (f)	皮	pí
descascar (vt)	剥皮	bāo pí

52. Comida

carne (f)	肉	ròu
galinha (f)	鸡肉	jī ròu
frango (m)	小鸡	xiǎo jī
pato (m)	鸭子	yā zi
ganso (m)	鹅肉	é ròu
caça (f)	猎物	liè wù
peru (m)	火鸡	huǒ jī

carne (f) de porco	猪肉	zhū ròu
carne (f) de vitela	小牛肉	xiǎo niú ròu
carne (f) de carneiro	羊肉	yáng ròu
carne (f) de vaca	牛肉	niú ròu
carne (f) de coelho	兔肉	tù ròu

linguiça (f), salsichão (m)	香肠	xiāng cháng
salsicha (f)	小灌肠	xiǎo guàn cháng
bacon (m)	腊肉	là ròu
presunto (m)	火腿	huǒ tuǐ
pernil (m) de porco	熏火腿	xūn huǒ tuǐ
patê (m)	鹅肝酱	é gān jiàng
fígado (m)	肝	gān

| guisado (m) | 碎牛肉 | suì niú ròu |
| língua (f) | 口条 | kǒu tiáo |

ovo (m)	鸡蛋	jī dàn
ovos (m pl)	鸡蛋	jī dàn
clara (f) de ovo	蛋白	dàn bái
gema (f) de ovo	蛋黄	dàn huáng

peixe (m)	鱼	yú
mariscos (m pl)	海鲜	hǎi xiān
caviar (m)	鱼子酱	yúzǐ jiàng

caranguejo (m)	螃蟹	páng xiè
camarão (m)	虾，小虾	xiā, xiǎo xiā
ostra (f)	牡蛎	mǔ lì
lagosta (f)	龙虾	lóng xiā
polvo (m)	章鱼	zhāng yú
lula (f)	鱿鱼	yóu yú

esturjão (m)	鲟鱼	xú nyú
salmão (m)	鲑鱼	guī yú
halibute (m)	比目鱼	bǐ mù yú

bacalhau (m)	鳕鱼	xuě yú
cavala, sarda (f)	鲭鱼	qīng yú
atum (m)	金枪鱼	jīn qiāng yú
enguia (f)	鳗鱼，鳝鱼	mán yú, shàn yú

truta (f)	鳟鱼	zūn yú
sardinha (f)	沙丁鱼	shā dīng yú
lúcio (m)	狗鱼	gǒu yú
arenque (m)	鲱鱼	fēi yú

pão (m)	面包	miàn bāo
queijo (m)	奶酪	nǎi lào
açúcar (m)	糖	táng
sal (m)	盐，食盐	yán, shí yán

arroz (m)	米	mǐ
massas (f pl)	通心粉	tōng xīn fěn
talharim, miojo (m)	面条	miàn tiáo

manteiga (f)	黄油	huáng yóu
óleo (m) vegetal	植物油	zhí wù yóu
óleo (m) de girassol	向日葵油	xiàng rì kuí yóu
margarina (f)	人造奶油	rénzào nǎi yóu

| azeitonas (f pl) | 橄榄 | gǎn lǎn |
| azeite (m) | 橄榄油 | gǎn lǎn yóu |

leite (m)	牛奶	niú nǎi
leite (m) condensado	炼乳	liàn rǔ
iogurte (m)	酸奶	suān nǎi
creme (m) azedo	酸奶油	suān nǎi yóu
creme (m) de leite	奶油	nǎi yóu
maionese (f)	蛋黄酱	dàn huáng jiàng

creme (m)	乳脂	rǔ zhī
grãos (m pl) de cereais	谷粒	gǔ lì
farinha (f)	面粉	miàn fěn
enlatados (m pl)	罐头食品	guàn tou shí pǐn

flocos (m pl) de milho	玉米片	yù mǐ piàn
mel (m)	蜂蜜	fēng mì
geleia (f)	果冻	guǒ dòng
chiclete (m)	口香糖	kǒu xiāng táng

53. Bebidas

água (f)	水	shuǐ
água (f) potável	饮用水	yǐn yòng shuǐ
água (f) mineral	矿泉水	kuàng quán shuǐ

sem gás (adj)	无气的	wú qì de
gaseificada (adj)	苏打 …	sū dá …
com gás	汽水	qì shuǐ
gelo (m)	冰	bīng
com gelo	加冰的	jiā bīng de

não alcoólico (adj)	不含酒精的	bù hán jiǔ jīng de
refrigerante (m)	软性饮料	ruǎn xìng yǐn liào
refresco (m)	清凉饮料	qīng liáng yǐn liào
limonada (f)	柠檬水	níng méng shuǐ

bebidas (f pl) alcoólicas	烈酒	liè jiǔ
licor (m)	甜酒	tián jiǔ
champanhe (m)	香槟	xiāng bīn
vermute (m)	苦艾酒	kǔ ài jiǔ

uísque (m)	威士忌酒	wēi shì jì jiǔ
vodca (f)	伏特加	fú tè jiā
gim (m)	杜松子酒	dù sōng zǐ jiǔ
conhaque (m)	法国白兰地	fǎguó báilándì
rum (m)	朗姆酒	lǎng mǔ jiǔ

café (m)	咖啡	kāfēi
café (m) preto	黑咖啡	hēi kāfēi
café (m) com leite	加牛奶的咖啡	jiāniúnǎide kāfēi
cappuccino (m)	卡布奇诺	kǎ bù jī nuò
café (m) solúvel	速溶咖啡	sùróng kāfēi

leite (m)	牛奶	niú nǎi
coquetel (m)	鸡尾酒	jī wěi jiǔ
batida (f), milkshake (m)	奶昔	nǎi xī

suco (m)	果汁	guǒzhī
suco (m) de tomate	番茄汁	fān qié zhī
suco (m) de laranja	橙子汁	chéng zi zhī
suco (m) fresco	新鲜果汁	xīnxiān guǒzhī
cerveja (f)	啤酒	píjiǔ
cerveja (f) clara	淡啤酒	dàn píjiǔ

cerveja (f) preta	黑啤酒	hēi píjiǔ
chá (m)	茶	chá
chá (m) preto	红茶	hóng chá
chá (m) verde	绿茶	lǜ chá

54. Vegetais

| vegetais (m pl) | 蔬菜 | shū cài |
| verdura (f) | 青菜 | qīng cài |

tomate (m)	西红柿	xī hóng shì
pepino (m)	黄瓜	huáng guā
cenoura (f)	胡萝卜	hú luó bo
batata (f)	土豆	tǔ dòu
cebola (f)	洋葱	yáng cōng
alho (m)	大蒜	dà suàn

couve (f)	洋白菜	yáng bái cài
couve-flor (f)	菜花	cài huā
couve-de-bruxelas (f)	球芽甘蓝	qiú yá gān lán
brócolis (m pl)	西蓝花	xī lán huā

beterraba (f)	甜菜	tiáncài
berinjela (f)	茄子	qié zi
abobrinha (f)	西葫芦	xī hú lu
abóbora (f)	南瓜	nán guā
nabo (m)	蔓菁	mán jing

salsa (f)	欧芹	ōu qín
endro, aneto (m)	莳萝	shì luó
alface (f)	生菜，莴苣	shēng cài, wō jù
aipo (m)	芹菜	qín cài
aspargo (m)	芦笋	lú sǔn
espinafre (m)	菠菜	bō cài

ervilha (f)	豌豆	wān dòu
feijão (~ soja, etc.)	豆子	dòu zi
milho (m)	玉米	yù mǐ
feijão (m) roxo	四季豆	sì jì dòu

pimentão (m)	胡椒，辣椒	hú jiāo, là jiāo
rabanete (m)	水萝卜	shuǐ luó bo
alcachofra (f)	朝鲜蓟	cháo xiǎn jì

55. Frutos. Nozes

fruta (f)	水果	shuǐ guǒ
maçã (f)	苹果	píng guǒ
pera (f)	梨	lí
limão (m)	柠檬	níng méng
laranja (f)	橙子	chén zi
morango (m)	草莓	cǎo méi

tangerina (f)	橘子	jú zi
ameixa (f)	李子	lǐ zi
pêssego (m)	桃子	táo zi
damasco (m)	杏子	xìng zi
framboesa (f)	覆盆子	fù pén zi
abacaxi (m)	菠萝	bō luó
banana (f)	香蕉	xiāng jiāo
melancia (f)	西瓜	xī guā
uva (f)	葡萄	pú tao
ginja (f)	樱桃	yīngtáo
cereja (f)	欧洲甜樱桃	oūzhōu tián yīngtáo
melão (m)	瓜，甜瓜	guā, tián guā
toranja (f)	葡萄柚	pú tao yòu
abacate (m)	鳄梨	è lí
mamão (m)	木瓜	mù guā
manga (f)	芒果	máng guǒ
romã (f)	石榴	shí liú
groselha (f) vermelha	红醋栗	hóng cù lì
groselha (f) negra	黑醋栗	hēi cù lì
groselha (f) espinhosa	醋栗	cù lì
mirtilo (m)	越橘	yuè jú
amora (f) silvestre	黑莓	hēi méi
passa (f)	葡萄干	pútao gān
figo (m)	无花果	wú huā guǒ
tâmara (f)	海枣	hǎi zǎo
amendoim (m)	花生	huā shēng
amêndoa (f)	杏仁	xìng rén
noz (f)	核桃	hé tao
avelã (f)	榛子	zhēn zi
coco (m)	椰子	yē zi
pistaches (m pl)	开心果	kāi xīn guǒ

56. Pão. Bolaria

pastelaria (f)	油酥面饼	yóu sū miàn bǐng
pão (m)	面包	miàn bāo
biscoito (m), bolacha (f)	饼干	bǐng gān
chocolate (m)	巧克力	qiǎo kè lì
de chocolate	巧克力的	qiǎo kè lì de
bala (f)	糖果	táng guǒ
doce (bolo pequeno)	小蛋糕	xiǎo dàngāo
bolo (m) de aniversário	蛋糕	dàngāo
torta (f)	大馅饼	dà xiàn bǐng
recheio (m)	馅	xiàn
geleia (m)	果酱	guǒ jiàng
marmelada (f)	酸果酱	suān guǒ jiàng

| wafers (m pl) | 华夫饼干 | huá fū bǐng gān |
| sorvete (m) | 冰淇淋 | bīng qí lín |

57. Especiarias

sal (m)	盐，食盐	yán, shí yán
salgado (adj)	含盐的	hán yán de
salgar (vt)	加盐	jiā yán

pimenta-do-reino (f)	黑胡椒	hēi hú jiāo
pimenta (f) vermelha	红辣椒粉	hóng là jiāo fěn
mostarda (f)	芥末	jiè mo
raiz-forte (f)	辣根汁	là gēn zhī

condimento (m)	调味品	diào wèi pǐn
especiaria (f)	香料	xiāng liào
molho (~ inglês)	调味汁	tiáo wèi zhī
vinagre (m)	醋	cù

anis estrelado (m)	茴芹	huí qín
manjericão (m)	罗勒	luó lè
cravo (m)	丁香	dīng xiāng
gengibre (m)	姜	jiāng
coentro (m)	芫荽	yuán suī
canela (f)	肉桂	ròu guì

gergelim (m)	芝麻	zhī ma
folha (f) de louro	月桂叶	yuè guì yè
páprica (f)	红甜椒粉	hóng tián jiāo fěn
cominho (m)	葛缕子	gélǚ zi
açafrão (m)	番红花	fān hóng huā

INFORMAÇÃO PESSOAL. FAMÍLIA

58. Informação pessoal. Formulários

nome (m)	名字	míng zi
sobrenome (m)	姓	xìng
data (f) de nascimento	出生日期	chū shēng rì qī
local (m) de nascimento	出生地	chū shēng dì
nacionalidade (f)	国籍	guó jí
lugar (m) de residência	住所地	zhù suǒ dì
país (m)	国家	guó jiā
profissão (f)	职业	zhí yè
sexo (m)	性，性别	xìng, xìngbié
estatura (f)	身高	shēn gāo
peso (m)	重量	zhòng liàng

59. Membros da família. Parentes

mãe (f)	母亲	mǔ qīn
pai (m)	父亲	fù qīn
filho (m)	儿子	ér zi
filha (f)	女儿	nǚ ér
caçula (f)	最小的女儿	zuìxiǎode nǚ ér
caçula (m)	最小的儿子	zuìxiǎode ér zi
filha (f) mais velha	最大的女儿	zuìdàde nǚér
filho (m) mais velho	最大的儿子	zuìdàde ér zi
irmão (m) mais velho	哥哥	gēge
irmão (m) mais novo	弟弟	dìdi
irmã (f) mais velha	姐姐	jiějie
irmã (f) mais nova	妹妹	mèi mei
primo (m)	堂兄弟，表兄弟	tángxiōngdì, biǎoxiōngdì
prima (f)	堂姊妹，表姊妹	tángzǐmèi, biǎozǐmèi
mamãe (f)	妈妈	mā ma
papai (m)	爸爸	bàba
pais (pl)	父母	fù mǔ
criança (f)	孩子	hái zi
crianças (f pl)	孩子们	hái zi men
avó (f)	姥姥	lǎo lao
avô (m)	爷爷	yé ye
neto (m)	孙子	sūn zi
neta (f)	孙女	sūn nǚ
netos (pl)	孙子们	sūn zi men

tio (m)	姑爹	gū diē
tia (f)	姑妈	gū mā
sobrinho (m)	侄子	zhí zi
sobrinha (f)	侄女	zhí nǚ
sogra (f)	岳母	yuè mǔ
sogro (m)	公公	gōng gong
genro (m)	女婿	nǚ xu
madrasta (f)	继母	jì mǔ
padrasto (m)	继父	jì fù
criança (f) de colo	婴儿	yīng ér
bebê (m)	婴儿	yīng ér
menino (m)	小孩	xiǎo hái
mulher (f)	妻子	qī zi
marido (m)	老公	lǎo gōng
esposo (m)	配偶	pèi ǒu
esposa (f)	配偶	pèi ǒu
casado (adj)	结婚的	jié hūn de
casada (adj)	结婚的	jié hūn de
solteiro (adj)	独身的	dú shēn de
solteirão (m)	单身汉	dān shēn hàn
divorciado (adj)	离婚的	lí hūn de
viúva (f)	寡妇	guǎ fu
viúvo (m)	鳏夫	guān fū
parente (m)	亲戚	qīn qi
parente (m) próximo	近亲	jìn qīn
parente (m) distante	远亲	yuǎn qīn
parentes (m pl)	亲属	qīn shǔ
órfão (m), órfã (f)	孤儿	gū ér
tutor (m)	监护人	jiān hù rén
adotar (um filho)	收养	shōu yǎng
adotar (uma filha)	收养	shōu yǎng

60. Amigos. Colegas de trabalho

amigo (m)	朋友	péngyou
amiga (f)	女性朋友	nǚxìng péngyou
amizade (f)	友谊	yǒu yì
ser amigos	交朋友	jiāo péngyou
amigo (m)	朋友	péngyou
amiga (f)	朋友	péngyou
parceiro (m)	搭档	dā dàng
chefe (m)	老板	lǎo bǎn
proprietário (m)	物主	wù zhǔ
subordinado (m)	下属	xià shǔ
colega (m, f)	同事	tóng shì
conhecido (m)	熟人	shú rén

companheiro (m) de viagem	旅伴	lǚ bàn
colega (m) de classe	同学	tóng xué
vizinho (m)	邻居	lín jū
vizinha (f)	邻居	lín jū
vizinhos (pl)	邻居们	lín jū men

CORPO HUMANO. MEDICINA

61. Cabeça

cabeça (f)	头	tóu
rosto, cara (f)	脸，面孔	liǎn, miàn kǒng
nariz (m)	鼻子	bí zi
boca (f)	口，嘴	kǒu, zuǐ
olho (m)	眼	yǎn
olhos (m pl)	眼睛	yǎn jing
pupila (f)	瞳孔	tóng kǒng
sobrancelha (f)	眉毛	méi mao
cílio (f)	睫毛	jié máo
pálpebra (f)	眼皮	yǎn pí
língua (f)	舌，舌头	shé, shé tou
dente (m)	牙，牙齿	yá, yá chǐ
lábios (m pl)	唇	chún
maçãs (f pl) do rosto	颧骨	quán gǔ
gengiva (f)	齿龈	chǐ yín
palato (m)	腭	è
narinas (f pl)	鼻孔	bí kǒng
queixo (m)	颏	kē
mandíbula (f)	下颌	xià hé
bochecha (f)	脸颊	liǎn jiá
testa (f)	前额	qián é
têmpora (f)	太阳穴	tài yáng xué
orelha (f)	耳朵	ěr duo
costas (f pl) da cabeça	后脑勺儿	hòu nǎo sháo r
pescoço (m)	颈	jǐng
garganta (f)	喉部	hóu bù
cabelo (m)	头发	tóu fa
penteado (m)	发型	fà xíng
corte (m) de cabelo	发式	fà shì
peruca (f)	假发	jiǎ fà
bigode (m)	胡子	hú zi
barba (f)	胡须	hú xū
ter (~ barba, etc.)	蓄着	xù zhuó
trança (f)	辫子	biàn zi
suíças (f pl)	鬓角	bìn jiǎo
ruivo (adj)	红发的	hóng fà de
grisalho (adj)	灰白的	huī bái de
careca (adj)	秃头的	tū tóu de
calva (f)	秃头	tū tóu

rabo-de-cavalo (m)	马尾辫	mǎ wěi biàn
franja (f)	刘海	liú hǎi

62. Corpo humano

mão (f)	手	shǒu
braço (m)	胳膊	gēbo
dedo (m)	手指	shǒu zhǐ
polegar (m)	拇指	mǔ zhǐ
dedo (m) mindinho	小指	xiǎo zhǐ
unha (f)	指甲	zhǐ jia
punho (m)	拳	quán
palma (f)	手掌	shǒu zhǎng
pulso (m)	腕	wàn
antebraço (m)	前臂	qián bì
cotovelo (m)	肘	zhǒu
ombro (m)	肩膀	jiān bǎng
perna (f)	腿	tuǐ
pé (m)	脚，足	jiǎo, zú
joelho (m)	膝，膝盖	xī, xī gài
panturrilha (f)	小腿肚	xiǎo tuǐ dù
quadril (m)	臀部	tún bù
calcanhar (m)	后跟	hòu gēn
corpo (m)	身体	shēntǐ
barriga (f), ventre (m)	腹，腹部	fù, fù bù
peito (m)	胸	xiōng
seio (m)	乳房	rǔ fáng
lado (m)	体侧	tǐ cè
costas (dorso)	背	bèi
região (f) lombar	下背	xià bèi
cintura (f)	腰	yāo
umbigo (m)	肚脐	dù qí
nádegas (f pl)	臀部，屁股	tún bù, pì gu
traseiro (m)	屁股	pì gu
sinal (m), pinta (f)	痣	zhì
sinal (m) de nascença	胎痣	tāi zhì
tatuagem (f)	文身	wén shēn
cicatriz (f)	疤	bā

63. Doenças

doença (f)	病	bìng
estar doente	生病	shēng bìng
saúde (f)	健康	jiàn kāng
nariz (m) escorrendo	流鼻涕	liú bí tì
amigdalite (f)	扁桃体炎	biǎn táo tǐ yán

resfriado (m)	感冒	gǎn mào
ficar resfriado	感冒	gǎn mào
bronquite (f)	支气管炎	zhī qì guǎn yán
pneumonia (f)	肺炎	fèi yán
gripe (f)	流感	liú gǎn
míope (adj)	近视的	jìn shì de
presbita (adj)	远视的	yuǎn shì de
estrabismo (m)	斜眼	xié yǎn
estrábico, vesgo (adj)	对眼的	duì yǎn de
catarata (f)	白内障	bái nèi zhàng
glaucoma (m)	青光眼	qīng guān gyǎn
AVC (m), apoplexia (f)	中风	zhòng fēng
ataque (m) cardíaco	梗塞	gěng sè
enfarte (m) do miocárdio	心肌梗塞	xīn jī gěng sè
paralisia (f)	麻痹	má bì
paralisar (vt)	使 … 麻痹	shǐ … má bì
alergia (f)	过敏	guò mǐn
asma (f)	哮喘	xiāo chuǎn
diabetes (f)	糖尿病	táng niào bìng
dor (f) de dente	牙痛	yá tòng
cárie (f)	龋齿	qǔ chǐ
diarreia (f)	腹泻	fù xiè
prisão (f) de ventre	便秘	biàn bì
desarranjo (m) intestinal	饮食失调	yǐn shí shī tiáo
intoxicação (f) alimentar	食物中毒	shí wù zhòng dú
intoxicar-se	中毒	zhòng dú
artrite (f)	关节炎	guān jié yán
raquitismo (m)	佝偻病	kòu lóu bìng
reumatismo (m)	风湿	fēng shī
arteriosclerose (f)	动脉粥样硬化	dòng mài zhōu yàng yìng huà
gastrite (f)	胃炎	wèi yán
apendicite (f)	阑尾炎	lán wěi yán
colecistite (f)	胆囊炎	dǎn nán gyán
úlcera (f)	溃疡	kuì yáng
sarampo (m)	麻疹	má zhěn
rubéola (f)	风疹	fēng zhěn
icterícia (f)	黄疸	huáng dǎn
hepatite (f)	肝炎	gān yán
esquizofrenia (f)	精神分裂 症	jīngshen fēnliè zhèng
raiva (f)	狂犬病	kuáng quǎn bìng
neurose (f)	神经症	shén jīng zhèng
contusão (f) cerebral	脑震荡	nǎo zhèn dàng
câncer (m)	癌症	ái zhèng
esclerose (f)	硬化	yìng huà
esclerose (f) múltipla	多发性硬化症	duō fā xìng yìng huà zhèng

alcoolismo (m)	酗酒	xù jiǔ
alcoólico (m)	酗酒者	xù jiǔ zhě
sífilis (f)	梅毒	méi dú
AIDS (f)	艾滋病	ài zī bìng
tumor (m)	肿瘤	zhǒng liú
febre (f)	发烧	fā shāo
malária (f)	疟疾	nuè ji
gangrena (f)	坏疽	huài jū
enjoo (m)	晕船	yùn chuán
epilepsia (f)	癫痫	diān xián
epidemia (f)	流行病	liú xíng bìng
tifo (m)	斑疹伤寒	bān zhěn shāng hán
tuberculose (f)	结核病	jié hé bìng
cólera (f)	霍乱	huò luàn
peste (f) bubônica	瘟疫	wēn yì

64. Sintomas. Tratamentos. Parte 1

sintoma (m)	症状	zhèng zhuàng
temperatura (f)	体温	tǐ wēn
febre (f)	发热	fā rè
pulso (m)	脉搏	mài bó
vertigem (f)	眩晕	xuàn yùn
quente (testa, etc.)	热	rè
calafrio (m)	颤抖	chàn dǒu
pálido (adj)	苍白的	cāng bái de
tosse (f)	咳嗽	ké sou
tossir (vi)	咳，咳嗽	ké, ké sou
espirrar (vi)	打喷嚏	dǎ pēn tì
desmaio (m)	晕倒	yūn dǎo
desmaiar (vi)	晕倒	yūn dǎo
mancha (f) preta	青伤痕	qīng shāng hén
galo (m)	包	bāo
machucar-se (vr)	擦伤	cā shāng
contusão (f)	擦伤	cā shāng
machucar-se (vr)	瘀伤	yū shāng
mancar (vi)	跛行	bǒ xíng
deslocamento (f)	脱位	tuō wèi
deslocar (vt)	使 … 脱位	shǐ … tuō wèi
fratura (f)	骨折	gǔ zhé
fraturar (vt)	弄骨折	nòng gǔzhé
corte (m)	伤口	shāng kǒu
cortar-se (vr)	割破	gē pò
hemorragia (f)	流血	liú xuè
queimadura (f)	烧伤	shāo shāng
queimar-se (vr)	烧伤	shāo shāng

picar (vt)	扎破	zhā pò
picar-se (vr)	扎伤	zhā shāng
lesionar (vt)	损伤	sǔn shāng
lesão (m)	损伤	sǔn shāng
ferida (f), ferimento (m)	伤口	shāng kǒu
trauma (m)	外伤	wài shāng

delirar (vi)	说胡话	shuō hú huà
gaguejar (vi)	口吃	kǒu chī
insolação (f)	中暑	zhòng shǔ

65. Sintomas. Tratamentos. Parte 2

| dor (f) | 痛 | tòng |
| farpa (no dedo, etc.) | 木刺 | mù cì |

suor (m)	汗	hàn
suar (vi)	出汗	chū hàn
vômito (m)	呕吐	ǒu tù
convulsões (f pl)	抽搐	chōu chù

grávida (adj)	怀孕的	huái yùn de
nascer (vi)	出生	chū shēng
parto (m)	生产，分娩	shēngchǎn, fēnmiǎn
dar à luz	生，分娩	shēng, fēnmiǎn
aborto (m)	人工流产	rén gōng liú chǎn

respiração (f)	呼吸	hū xī
inspiração (f)	吸	xī
expiração (f)	呼气	hū qì
expirar (vi)	呼出	hū chū
inspirar (vi)	吸入	xī rù
inválido (m)	残疾人	cán jí rén
aleijado (m)	残疾人	cán jí rén
drogado (m)	吸毒者	xī dú zhě

surdo (adj)	聋的	lóng de
mudo (adj)	哑的	yǎ de
surdo-mudo (adj)	聋哑的	lóng yǎ de

louco, insano (adj)	精神失常的	jīngshen shī cháng de
louco (m)	疯子	fēng zi
louca (f)	疯子	fēng zi
ficar louco	发疯	fā fēng

gene (m)	基因	jī yīn
imunidade (f)	免疫力	miǎn yì lì
hereditário (adj)	遗传的	yí chuán de
congênito (adj)	天生的	tiān shēng de

vírus (m)	病毒	bìng dú
micróbio (m)	微生物	wēi shēng wù
bactéria (f)	细菌	xì jūn
infecção (f)	传染	chuán rǎn

66. Sintomas. Tratamentos. Parte 3

hospital (m)	医院	yī yuàn
paciente (m)	病人	bìng rén
diagnóstico (m)	诊断	zhěn duàn
cura (f)	治疗	zhì liáo
tratamento (m) médico	治疗	zhì liáo
curar-se (vr)	治病	zhì bìng
tratar (vt)	治疗	zhì liáo
cuidar (pessoa)	看护	kān hù
cuidado (m)	护理	hùlǐ
operação (f)	手术	shǒu shù
enfaixar (vt)	用绷带包扎	yòng bēngdài bāozā
enfaixamento (m)	绷带法	bēngdài fǎ
vacinação (f)	疫苗	yìmiáo
vacinar (vt)	给 … 接种疫苗	gěi … jiē zhòng yì miáo
injeção (f)	注射	zhù shè
dar uma injeção	打针	dǎ zhēn
ataque (~ de asma, etc.)	发作	fāzuò
amputação (f)	截肢	jié zhī
amputar (vt)	截肢	jié zhī
coma (f)	昏迷	hūn mí
estar em coma	昏迷	hūn mí
reanimação (f)	重症监护室	zhòng zhēng jiàn hù shì
recuperar-se (vr)	复原	fù yuán
estado (~ de saúde)	状态	zhuàng tài
consciência (perder a ~)	知觉	zhī jué
memória (f)	记忆力	jì yì lì
tirar (vt)	拔牙	bá yá
obturação (f)	补牙	bǔ yá
obturar (vt)	补牙	bǔ yá
hipnose (f)	催眠	cuī mián
hipnotizar (vt)	催眠	cuī mián

67. Medicina. Drogas. Acessórios

medicamento (m)	药	yào
remédio (m)	药剂	yào jì
receitar (vt)	开药方	kāi yào fāng
receita (f)	药方	yào fāng
comprimido (m)	药片	yào piàn
unguento (m)	药膏	yào gāo
ampola (f)	安瓶	ān bù
solução, preparado (m)	药水	yào shuǐ
xarope (m)	糖浆	táng jiāng

| cápsula (f) | 药丸 | yào wán |
| pó (m) | 药粉 | yào fĕn |

atadura (f)	绷带	bēngdài
algodão (m)	药棉	yào mián
iodo (m)	碘酒	diăn jiŭ

curativo (m) adesivo	橡皮膏	xiàng pí gāo
conta-gotas (m)	滴管	dī guăn
termômetro (m)	体温表	tĭ wēn biăo
seringa (f)	注射器	zhù shè qì

| cadeira (f) de rodas | 轮椅 | lú nyĭ |
| muletas (f pl) | 拐杖 | guăi zhàng |

analgésico (m)	止痛药	zhĭ tòng yào
laxante (m)	泻药	xiè yào
álcool (m)	酒精	jiŭ jīng
ervas (f pl) medicinais	药草	yào căo
de ervas (chá ~)	草药的	căo yào de

APARTAMENTO

68. Apartamento

apartamento (m)	公寓	gōng yù
quarto, cômodo (m)	房间	fáng jiān
quarto (m) de dormir	卧室	wòshì
sala (f) de jantar	餐厅	cān tīng
sala (f) de estar	客厅	kè tīng
escritório (m)	书房	shū fáng
sala (f) de entrada	入口空间	rù kǒu kōng jiān
banheiro (m)	浴室	yù shì
lavabo (m)	卫生间	wèi shēng jiān
teto (m)	天花板	tiān huā bǎn
chão, piso (m)	地板	dì bǎn
canto (m)	墙角	qiáng jiǎo

69. Mobiliário. Interior

mobiliário (m)	家具	jiā jù
mesa (f)	桌子	zhuō zi
cadeira (f)	椅子	yǐ zi
cama (f)	床	chuáng
sofá, divã (m)	沙发	shā fā
poltrona (f)	扶手椅	fú shǒu yǐ
estante (f)	书橱	shū chú
prateleira (f)	书架	shū jià
guarda-roupas (m)	衣柜	yī guì
cabide (m) de parede	墙衣帽架	qiáng yī mào jià
cabideiro (m) de pé	衣帽架	yī mào jià
cômoda (f)	五斗柜	wǔ dǒu guì
mesinha (f) de centro	茶几	chá jī
espelho (m)	镜子	jìng zi
tapete (m)	地毯	dìtǎn
tapete (m) pequeno	小地毯	xiǎo dìtǎn
lareira (f)	壁炉	bì lú
vela (f)	蜡烛	là zhú
castiçal (m)	烛台	zhútái
cortinas (f pl)	窗帘	chuāng lián
papel (m) de parede	墙纸	qiáng zhǐ

persianas (f pl)	百叶窗	bǎi yè chuāng
luminária (f) de mesa	台灯	tái dēng
luminária (f) de parede	灯	dēng
abajur (m) de pé	落地灯	luò dì dēng
lustre (m)	枝形吊灯	zhī xíng diào dēng

pé (de mesa, etc.)	腿	tuǐ
braço, descanso (m)	扶手	fú shou
costas (f pl)	靠背	kào bèi
gaveta (f)	抽屉	chōu tì

70. Quarto de dormir

roupa (f) de cama	铺盖	pū gài
travesseiro (m)	枕头	zhěn tou
fronha (f)	枕套	zhěn tào
cobertor (m)	羽绒被	yǔ róng bèi
lençol (m)	床单	chuáng dān
colcha (f)	床罩	chuáng zhào

71. Cozinha

cozinha (f)	厨房	chú fáng
gás (m)	煤气	méi qì
fogão (m) a gás	煤气炉	méi qì lú
fogão (m) elétrico	电炉	diàn lú
forno (m)	烤箱	kǎo xiāng
forno (m) de micro-ondas	微波炉	wēi bō lú

geladeira (f)	冰箱	bīng xiāng
congelador (m)	冷冻室	lěng dòng shì
máquina (f) de lavar louça	洗碗机	xǐ wǎn jī

moedor (m) de carne	绞肉机	jiǎo ròu jī
espremedor (m)	榨汁机	zhà zhī jī
torradeira (f)	烤面包机	kǎo miàn bāo jī
batedeira (f)	搅拌机	jiǎo bàn jī

máquina (f) de café	咖啡机	kāfēi jī
cafeteira (f)	咖啡壶	kāfēi hú
moedor (m) de café	咖啡研磨器	kāfēi yánmóqì

chaleira (f)	开水壶	kāi shuǐ hú
bule (m)	茶壶	chá hú
tampa (f)	盖子	gài zi
coador (m) de chá	滤茶器	lǜ chá qì

colher (f)	匙子	chá zi
colher (f) de chá	茶匙	chá chí
colher (f) de sopa	汤匙	tāng chí
garfo (m)	叉，餐叉	chā, cān chā
faca (f)	刀，刀子	dāo, dāo zi

louça (f)	餐具	cān jù
prato (m)	盘子	pán zi
pires (m)	碟子	dié zi

cálice (m)	小酒杯	xiǎo jiǔ bēi
copo (m)	杯子	bēi zi
xícara (f)	杯子	bēi zi

açucareiro (m)	糖碗	táng wǎn
saleiro (m)	盐瓶	yán píng
pimenteiro (m)	胡椒瓶	hú jiāo píng
manteigueira (f)	黄油碟	huáng yóu dié

panela (f)	炖锅	dùn guō
frigideira (f)	煎锅	jiān guō
concha (f)	长柄勺	cháng bǐng sháo
coador (m)	漏勺	lòu sháo
bandeja (f)	托盘	tuō pán

garrafa (f)	瓶子	píng zi
pote (m) de vidro	玻璃罐	bōli guàn
lata (~ de cerveja)	罐头	guàn tou

abridor (m) de garrafa	瓶起子	píng qǐ zi
abridor (m) de latas	开罐器	kāi guàn qì
saca-rolhas (m)	螺旋 拔塞器	luóxuán básāiqì
filtro (m)	滤器	lǜ qì
filtrar (vt)	过滤	guò lǜ

| lixo (m) | 垃圾 | lā jī |
| lixeira (f) | 垃圾桶 | lā jī tǒng |

72. Casa de banho

banheiro (m)	浴室	yù shì
água (f)	水	shuǐ
torneira (f)	水龙头	shuǐ lóng tóu
água (f) quente	热水	rè shuǐ
água (f) fria	冷水	lěng shuǐ

| pasta (f) de dente | 牙膏 | yá gāo |
| escovar os dentes | 刷牙 | shuā yá |

barbear-se (vr)	剃须	tì xū
espuma (f) de barbear	剃须泡沫	tì xū pào mò
gilete (f)	剃须刀	tì xū dāo

lavar (vt)	洗	xǐ
tomar banho	洗澡	xǐ zǎo
chuveiro (m), ducha (f)	淋浴	lín yù
tomar uma ducha	洗淋浴	xǐ lín yù

| banheira (f) | 浴缸 | yù gāng |
| vaso (m) sanitário | 抽水马桶 | chōu shuǐ mǎ tǒng |

pia (f)	水槽	shuǐ cáo
sabonete (m)	肥皂	féi zào
saboneteira (f)	肥皂盒	féi zào hé
esponja (f)	清洁绵	qīng jié mián
xampu (m)	洗发液	xǐ fà yè
toalha (f)	毛巾，浴巾	máo jīn, yù jīn
roupão (m) de banho	浴衣	yù yī
lavagem (f)	洗衣	xǐ yī
lavadora (f) de roupas	洗衣机	xǐ yī jī
lavar a roupa	洗衣服	xǐ yī fu
detergente (m)	洗衣粉	xǐ yī fěn

73. Eletrodomésticos

televisor (m)	电视机	diàn shì jī
gravador (m)	录音机	lù yīn jī
videogravador (m)	录像机	lù xiàng jī
rádio (m)	收音机	shōu yīn jī
leitor (m)	播放器	bō fàng qì
projetor (m)	投影器	tóu yǐng qì
cinema (m) em casa	家庭影院系统	jiā tíng yǐng yuàn xì tǒng
DVD Player (m)	DVD 播放机	diwidi bōfàngjī
amplificador (m)	放大器	fàng dà qì
console (f) de jogos	电子游戏机	diànzǐ yóuxìjī
câmera (f) de vídeo	摄像机	shè xiàng jī
máquina (f) fotográfica	照相机	zhào xiàng jī
câmera (f) digital	数码相机	shù mǎ xiàng jī
aspirador (m)	吸尘器	xǐ chén qì
ferro (m) de passar	熨斗	yùn dǒu
tábua (f) de passar	熨衣板	yùn yī bǎn
telefone (m)	电话	diàn huà
celular (m)	手机	shǒu jī
máquina (f) de escrever	打字机	dǎ zì jī
máquina (f) de costura	缝纫机	féng rèn jī
microfone (m)	话筒	huà tǒng
fone (m) de ouvido	耳机	ěr jī
controle remoto (m)	遥控器	yáo kòng qì
CD (m)	光盘	guāng pán
fita (f) cassete	磁带	cí dài
disco (m) de vinil	唱片	chàng piàn

A TERRA. TEMPO

74. Espaço sideral

espaço, cosmo (m)	宇宙	yǔ zhòu
espacial, cósmico (adj)	宇宙的，太空	yǔ zhòu de, tài kōng
espaço (m) cósmico	外层空间	wài céng kōng jiān
mundo, universo (m)	宇宙	yǔ zhòu
galáxia (f)	银河系	yín hé xì
estrela (f)	星，恒星	xīng, héng xīng
constelação (f)	星座	xīng zuò
planeta (m)	行星	xíng xīng
satélite (m)	卫星	wèi xīng
meteorito (m)	陨石	yǔn shí
cometa (m)	彗星	huì xīng
asteroide (m)	小行星	xiǎo xíng xīng
órbita (f)	轨道	guǐ dào
girar (vi)	公转	gōng zhuàn
atmosfera (f)	大气层	dà qì céng
Sol (m)	太阳	tài yáng
Sistema (m) Solar	太阳系	tài yáng xì
eclipse (m) solar	日食	rì shí
Terra (f)	地球	dì qiú
Lua (f)	月球	yuè qiú
Marte (m)	火星	huǒ xīng
Vênus (f)	金星	jīn xīng
Júpiter (m)	木星	mù xīng
Saturno (m)	土星	tǔ xīng
Mercúrio (m)	水星	shuǐ xīng
Urano (m)	天王星	tiān wáng xīng
Netuno (m)	海王星	hǎi wáng xīng
Plutão (m)	冥王星	míng wáng xīng
Via Láctea (f)	银河	yín hé
Ursa Maior (f)	大熊座	dà xióng zuò
Estrela Polar (f)	北极星	běi jí xīng
marciano (m)	火星人	huǒ xīng rén
extraterrestre (m)	外星人	wài xīng rén
alienígena (m)	外星人	wài xīng rén
disco (m) voador	飞碟	fēi dié
espaçonave (f)	宇宙飞船	yǔ zhòu fēi chuán

| estação (f) orbital | 宇宙空间站 | yǔ zhòu kōng jiān zhàn |
| lançamento (m) | 发射 | fā shè |

motor (m)	发动机	fā dòng jī
bocal (m)	喷嘴	pēn zuǐ
combustível (m)	燃料	rán liào

cabine (f)	座舱	zuò cāng
antena (f)	天线	tiān xiàn
vigia (f)	舷窗	xián chuāng
bateria (f) solar	太阳能电池	tàiyáng néng diànchí
traje (m) espacial	太空服	tài kōng fú

imponderabilidade (f)	失重	shī zhòng
oxigênio (m)	氧气	yǎng qì
acoplagem (f)	对接	duì jiē
fazer uma acoplagem	对接	duì jiē

observatório (m)	天文台	tiānwén tái
telescópio (m)	天文望远镜	tiānwén wàngyuǎnjìng
observar (vt)	观察到	guān chá dào
explorar (vt)	探索	tàn suǒ

75. A Terra

Terra (f)	地球	dì qiú
globo terrestre (Terra)	地球	dì qiú
planeta (m)	行星	xíng xīng

atmosfera (f)	大气层	dà qì céng
geografia (f)	地理学	dì lǐ xué
natureza (f)	自然界	zì rán jiè

globo (mapa esférico)	地球仪	dì qiú yí
mapa (m)	地图	dì tú
atlas (m)	地图册	dì tú cè

Europa (f)	欧洲	oūzhōu
Ásia (f)	亚洲	yàzhōu
África (f)	非洲	fēizhōu
Austrália (f)	澳洲	àozhōu

América (f)	美洲	měizhōu
América (f) do Norte	北美洲	běiměizhōu
América (f) do Sul	南美洲	nánměizhōu
Antártida (f)	南极洲	nánjízhōu
Ártico (m)	北极地区	běijídìqū

76. Pontos cardeais

| norte (m) | 北方 | běi fāng |
| para norte | 朝北 | cháo běi |

no norte	在北方	zài běi fāng
do norte (adj)	北方的	běi fāng de
sul (m)	南方	nán fāng
para sul	朝南	cháo nán
no sul	在南方	zài nán fāng
do sul (adj)	南方的	nán fāng de
oeste, ocidente (m)	西方	xī fāng
para oeste	朝西	cháo xī
no oeste	在西方	zài xī fāng
ocidental (adj)	西方的	xī fāng de
leste, oriente (m)	东方	dōng fāng
para leste	朝东	cháo dōng
no leste	在东方	zài dōng fāng
oriental (adj)	东方的	dōng fāng de

77. Mar. Oceano

mar (m)	海，大海	hǎi, dà hǎi
oceano (m)	海洋，大海	hǎi yáng, dà hǎi
golfo (m)	海湾	hǎi wān
estreito (m)	海峡	hǎi xiá
terra (f) firme	陆地	lù dì
continente (m)	大陆，洲	dà lù, zhōu
ilha (f)	岛，海岛	dǎo, hǎi dǎo
península (f)	半岛	bàn dǎo
arquipélago (m)	群岛	qún dǎo
baía (f)	海湾	hǎi wān
porto (m)	港口	gǎng kǒu
lagoa (f)	泻湖	xiè hú
cabo (m)	海角	hǎi jiǎo
atol (m)	环状珊瑚岛	huánzhuàng shānhúdǎo
recife (m)	礁	jiāo
coral (m)	珊瑚	shān hú
recife (m) de coral	珊瑚礁	shān hú jiāo
profundo (adj)	深的	shēn de
profundidade (f)	深度	shēn dù
abismo (m)	深渊	shēn yuān
fossa (f) oceânica	海沟	hǎi gōu
corrente (f)	水流	shuǐ liú
banhar (vt)	环绕	huán rào
litoral (m)	岸	àn
costa (f)	海岸，海滨	hǎi àn, hǎi bīn
maré (f) alta	高潮	gāo cháo
refluxo (m)	落潮	luò cháo

restinga (f)	沙洲	shā zhōu
fundo (m)	海底	hǎi dǐ
onda (f)	波浪	bō làng
crista (f) da onda	浪峰	làng fēng
espuma (f)	泡沫	pào mò
tempestade (f)	风暴	fēng bào
furacão (m)	飓风	jù fēng
tsunami (m)	海啸	hǎi xiào
calmaria (f)	风平浪静	fēng píng làng jìng
calmo (adj)	平静的	píng jìng de
polo (m)	北极	běi jí
polar (adj)	北极的	běi jí de
latitude (f)	纬度	wěi dù
longitude (f)	经度	jīng dù
paralela (f)	纬线	wěi xiàn
equador (m)	赤道	chì dào
céu (m)	天	tiān
horizonte (m)	地平线	dì píng xiàn
ar (m)	空气	kōng qì
farol (m)	灯塔	dēng tǎ
mergulhar (vi)	跳水	tiào shuǐ
afundar-se (vr)	沉没	chén mò
tesouros (m pl)	宝物	bǎo wù

78. Nomes de Mares e Oceanos

Oceano (m) Atlântico	大西洋	dà xī yáng
Oceano (m) Índico	印度洋	yìn dù yáng
Oceano (m) Pacífico	太平洋	tài píng yáng
Oceano (m) Ártico	北冰洋	běi bīng yáng
Mar (m) Negro	黑海	hēi hǎi
Mar (m) Vermelho	红海	hóng hǎi
Mar (m) Amarelo	黄海	huáng hǎi
Mar (m) Branco	白海	bái hǎi
Mar (m) Cáspio	里海	lǐ hǎi
Mar (m) Morto	死海	sǐ hǎi
Mar (m) Mediterrâneo	地中海	dìzhōng hǎi
Mar (m) Egeu	爱琴海	àiqín hǎi
Mar (m) Adriático	亚得里亚海	yàdélǐyà hǎi
Mar (m) Arábico	阿拉伯海	ālābó hǎi
Mar (m) do Japão	日本海	rìběn hǎi
Mar (m) de Bering	白令海	báilìng hǎi
Mar (m) da China Meridional	南海	nán hǎi
Mar (m) de Coral	珊瑚海	shānhú hǎi

Mar (m) de Tasman	塔斯曼海	tǎsīmàn hǎi
Mar (m) do Caribe	加勒比海	jiālèbǐ hǎi
Mar (m) de Barents	巴伦支海	bālúnzhī hǎi
Mar (m) de Kara	喀拉海	kālā hǎi
Mar (m) do Norte	北海	běi hǎi
Mar (m) Báltico	波罗的海	bōluódì hǎi
Mar (m) da Noruega	挪威海	nuówēi hǎi

79. Montanhas

montanha (f)	山	shān
cordilheira (f)	山脉	shān mài
serra (f)	山脊	shān jǐ
cume (m)	山顶	shān dǐng
pico (m)	山峰	shān fēng
pé (m)	山脚	shān jiǎo
declive (m)	山坡	shān pō
vulcão (m)	火山	huǒ shān
vulcão (m) ativo	活火山	huó huǒ shān
vulcão (m) extinto	死火山	sǐ huǒ shān
erupção (f)	喷发	pèn fā
cratera (f)	火山口	huǒ shān kǒu
magma (m)	岩浆	yán jiāng
lava (f)	熔岩	róng yán
fundido (lava ~a)	炽热的	chì rè de
cânion, desfiladeiro (m)	峡谷	xiá gǔ
garganta (f)	峡谷	xiá gǔ
fenda (f)	裂罅	liè xià
passo, colo (m)	山口	shān kǒu
planalto (m)	高原	gāo yuán
falésia (f)	悬崖	xuán yá
colina (f)	小山	xiǎo shān
geleira (f)	冰川，冰河	bīng chuān, bīng hé
cachoeira (f)	瀑布	pù bù
gêiser (m)	间歇泉	jiàn xiē quán
lago (m)	湖	hú
planície (f)	平原	píng yuán
paisagem (f)	风景	fēng jǐng
eco (m)	回声	huí shēng
alpinista (m)	登山家	dēng shān jiā
escalador (m)	攀岩者	pān yán zhě
conquistar (vt)	征服	zhēng fú
subida, escalada (f)	登山	dēng shān

80. Nomes de montanhas

Alpes (m pl)	阿尔卑斯	āěrbēisī
Monte Branco (m)	勃朗峰	bólǎngfēng
Pirineus (m pl)	比利牛斯	bǐlìniúsī
Cárpatos (m pl)	喀尔巴阡	kāerbāqiān
Urais (m pl)	乌拉尔山脉	wūlāěr shānmài
Cáucaso (m)	高加索	gāojiāsuǒ
Elbrus (m)	厄尔布鲁士山	èěrbùlǔshìshān
Altai (m)	阿尔泰	āěrtài
Tian Shan (m)	天山	tiānshān
Pamir (m)	帕米尔高原	pàmǐěr gāoyuán
Himalaia (m)	喜马拉雅山	xǐmǎlāyǎ shān
monte Everest (m)	珠穆朗玛峰	zhūmùlǎngmǎfēng
Cordilheira (f) dos Andes	安第斯	āndìsī
Kilimanjaro (m)	乞力马扎罗	qǐlìmǎzháluó

81. Rios

rio (m)	河，江	hé, jiāng
fonte, nascente (f)	泉，泉水	quán, quán shuǐ
leito (m) de rio	河床	hé chuáng
bacia (f)	流域	liú yù
desaguar no ...	流入	liú rù
afluente (m)	支流	zhī liú
margem (do rio)	岸	àn
corrente (f)	水流	shuǐ liú
rio abaixo	顺流而下	shùn liú ér xià
rio acima	溯流而上	sù liú ér shàng
inundação (f)	洪水	hóng shuǐ
cheia (f)	水灾	shuǐ zāi
transbordar (vi)	溢出	yì chū
inundar (vt)	淹没	yān mò
banco (m) de areia	浅水	qiǎn shuǐ
corredeira (f)	急流	jí liú
barragem (f)	坝，堤坝	bà, dī bà
canal (m)	运河	yùn hé
reservatório (m) de água	水库	shuǐ kù
eclusa (f)	水闸	shuǐ zhá
corpo (m) de água	水体	shuǐ tǐ
pântano (m)	沼泽	zhǎo zé
lamaçal (m)	烂泥塘	làn ní táng
redemoinho (m)	漩涡	xuàn wō
riacho (m)	小溪	xiǎo xī

potável (adj)	饮用的	yǐn yòng de
doce (água)	淡水的	dàn shuǐ de
gelo (m)	冰	bīng
congelar-se (vr)	封冻	fēng dòng

82. Nomes de rios

rio Sena (m)	塞纳河	sènà hé
rio Loire (m)	卢瓦尔河	lúwǎěr hé
rio Tâmisa (m)	泰晤士河	tàiwùshì hé
rio Reno (m)	莱茵河	láiyīn hé
rio Danúbio (m)	多瑙河	duōnǎo hé
rio Volga (m)	伏尔加河	fúěrjiā hé
rio Don (m)	顿河	dùn hé
rio Lena (m)	勒拿河	lèná hé
rio Amarelo (m)	黄河	huáng hé
rio Yangtzé (m)	长江	chángjiāng
rio Mekong (m)	湄公河	méigōng hé
rio Ganges (m)	恒河	héng hé
rio Nilo (m)	尼罗河	níluó hé
rio Congo (m)	刚果河	gāngguǒ hé
rio Cubango (m)	奥卡万戈河	àokǎwàngē hé
rio Zambeze (m)	赞比亚河	zànbǐyà hé
rio Limpopo (m)	林波波河	línbōbō hé
rio Mississippi (m)	密西西比河	mìxīxībǐ hé

83. Floresta

floresta (f), bosque (m)	森林，树林	sēn lín, shù lín
florestal (adj)	树林的	shù lín de
mata (f) fechada	密林	mì lín
arvoredo (m)	小树林	xiǎo shù lín
clareira (f)	林中草地	lín zhōng cǎo dì
matagal (m)	灌木丛	guàn mù cóng
mato (m), caatinga (f)	灌木林	guàn mù lín
pequena trilha (f)	小道	xiǎo dào
ravina (f)	冲沟	chōng gōu
árvore (f)	树，乔木	shù, qiáo mù
folha (f)	叶子	yè zi
folhagem (f)	树叶	shù yè
queda (f) das folhas	落叶	luò yè
cair (vi)	凋落	diāo luò

topo (m)	树梢	shù shāo
ramo (m)	树枝	shù zhī
galho (m)	粗树枝	cū shù zhī
botão (m)	芽	yá
agulha (f)	针叶	zhēn yè
pinha (f)	球果	qiú guǒ
buraco (m) de árvore	树洞	shù dòng
ninho (m)	鸟窝	niǎo wō
toca (f)	洞穴，兽穴	dòng xué, shòu xué
tronco (m)	树干	shù gàn
raiz (f)	树根	shù gēn
casca (f) de árvore	树皮	shùpí
musgo (m)	苔藓	tái xiǎn
arrancar pela raiz	根除	gēn chú
cortar (vt)	砍倒	kǎn dǎo
desflorestar (vt)	砍伐森林	kǎn fá sēn lín
toco, cepo (m)	树桩	shù zhuāng
fogueira (f)	篝火	gōu huǒ
incêndio (m) florestal	森林火灾	sēn lín huǒ zāi
apagar (vt)	扑灭	pū miè
guarda-parque (m)	护林员	hù lín yuán
proteção (f)	保护	bǎo hù
proteger (a natureza)	保护	bǎo hù
caçador (m) furtivo	偷猎者	tōu liè zhě
armadilha (f)	陷阱	xiàn jǐng
colher (cogumelos, bagas)	采集	cǎi jí
perder-se (vr)	迷路	mí lù

84. Recursos naturais

recursos (m pl) naturais	自然资源	zìrán zī yuán
minerais (m pl)	矿物	kuàng wù
depósitos (m pl)	矿层	kuàng céng
jazida (f)	矿田	kuàng tián
extrair (vt)	开采	kāi cǎi
extração (f)	采矿业	cǎi kuàng yè
minério (m)	矿石	kuàng shí
mina (f)	矿，矿山	kuàng, kuàng shān
poço (m) de mina	矿井	kuàng jǐng
mineiro (m)	矿工	kuàng gōng
gás (m)	煤气	méi qì
gasoduto (m)	煤气管道	méi qì guǎn dào
petróleo (m)	石油	shí yóu
oleoduto (m)	油管	yóu guǎn
poço (m) de petróleo	石油钻塔	shí yóu zuān tǎ

torre (f) petrolífera	钻油塔	zuān yóu tǎ
petroleiro (m)	油船，油轮	yóu chuán, yóu lún
areia (f)	沙，沙子	shā, shā zi
calcário (m)	石灰石	shí huī shí
cascalho (m)	砾石	lì shí
turfa (f)	泥煤	ní méi
argila (f)	粘土	nián tǔ
carvão (m)	煤	méi
ferro (m)	铁	tiě
ouro (m)	黄金	huáng jīn
prata (f)	银	yín
níquel (m)	镍	niè
cobre (m)	铜	tóng
zinco (m)	锌	xīn
manganês (m)	锰	měng
mercúrio (m)	水银	shuǐ yín
chumbo (m)	铅	qiān
mineral (m)	矿物	kuàng wù
cristal (m)	结晶	jié jīng
mármore (m)	大理石	dà lǐ shí
urânio (m)	铀	yóu

85. Tempo

tempo (m)	天气	tiān qì
previsão (f) do tempo	气象预报	qìxiàng yùbào
temperatura (f)	温度	wēn dù
termômetro (m)	温度表	wēn dù biǎo
barômetro (m)	气压表	qì yā biǎo
umidade (f)	空气湿度	kōng qì shī dù
calor (m)	炎热	yán rè
tórrido (adj)	热的	rè de
está muito calor	天气热	tiān qì rè
está calor	天气暖	tiān qì nuǎn
quente (morno)	暖和的	nuǎn huo de
está frio	天气冷	tiān qì lěng
frio (adj)	冷的	lěng de
sol (m)	太阳	tài yáng
brilhar (vi)	发光	fā guāng
de sol, ensolarado	阳光充足的	yáng guāng chōng zú de
nascer (vi)	升起	shēng qǐ
pôr-se (vr)	落山	luò shān
nuvem (f)	云	yún
nublado (adj)	多云的	duō yún de
nuvem (f) preta	乌云	wū yún

escuro, cinzento (adj)	阴沉的	yīn chén de
chuva (f)	雨	yǔ
está a chover	下雨	xià yǔ
chuvoso (adj)	雨 … ，多雨的	yǔ …, duō yǔ de
chuviscar (vi)	下毛毛雨	xià máo máo yǔ

chuva (f) torrencial	倾盆大雨	qīng pén dà yǔ
aguaceiro (m)	暴雨	bào yǔ
forte (chuva, etc.)	大 …	dà …
poça (f)	水洼	shuǐ wā
molhar-se (vr)	淋湿	lín shī

nevoeiro (m)	雾气	wù qì
de nevoeiro	多雾的	duō wù de
neve (f)	雪	xuě
está nevando	下雪	xià xuě

86. Tempo extremo. Catástrofes naturais

trovoada (f)	大雷雨	dà léi yǔ
relâmpago (m)	闪电	shǎn diàn
relampejar (vi)	闪光	shǎn guāng

trovão (m)	雷，雷声	léi, léi shēng
trovejar (vi)	打雷	dǎ léi
está trovejando	打雷	dǎ léi

| granizo (m) | 雹子 | báo zi |
| está caindo granizo | 下冰雹 | xià bīng báo |

| inundar (vt) | 淹没 | yān mò |
| inundação (f) | 洪水 | hóng shuǐ |

terremoto (m)	地震	dì zhèn
abalo, tremor (m)	震动	zhèn dòng
epicentro (m)	震中	zhèn zhōng

| erupção (f) | 喷发 | pèn fā |
| lava (f) | 熔岩 | róng yán |

tornado (m)	旋风	xuànfēng
tornado (m)	龙卷风	lóng juàn fēng
tufão (m)	台风	tái fēng

furacão (m)	飓风	jù fēng
tempestade (f)	风暴	fēng bào
tsunami (m)	海啸	hǎi xiào

ciclone (m)	气旋	qì xuán
mau tempo (m)	恶劣天气	è liè tiān qì
incêndio (m)	火灾	huǒ zāi
catástrofe (f)	灾难	zāi nàn
meteorito (m)	陨石	yǔn shí
avalanche (f)	雪崩	xuě bēng

deslizamento (m) de neve	雪崩	xuě bēng
nevasca (f)	暴风雪	bào fēng xuě
tempestade (f) de neve	暴风雪	bào fēng xuě

FAUNA

87. Mamíferos. Predadores

predador (m)	捕食者	bǔ shí zhě
tigre (m)	老虎	lǎo hǔ
leão (m)	狮子	shī zi
lobo (m)	狼	láng
raposa (f)	狐狸	húli
jaguar (m)	美洲豹	měi zhōu bào
leopardo (m)	豹	bào
chita (f)	猎豹	liè bào
pantera (f)	豹	bào
puma (m)	美洲狮	měi zhōu shī
leopardo-das-neves (m)	雪豹	xuě bào
lince (m)	猞猁	shē lì
coiote (m)	丛林狼	cóng lín láng
chacal (m)	豺	chái
hiena (f)	鬣狗	liè gǒu

88. Animais selvagens

animal (m)	动物	dòng wù
besta (f)	兽	shòu
esquilo (m)	松鼠	sōng shǔ
ouriço (m)	刺猬	cì wei
lebre (f)	野兔	yě tù
coelho (m)	家兔	jiā tù
texugo (m)	獾	huān
guaxinim (m)	浣熊	huàn xióng
hamster (m)	仓鼠	cāng shǔ
marmota (f)	土拨鼠	tǔ bō shǔ
toupeira (f)	鼹鼠	yǎn shǔ
rato (m)	老鼠	lǎo shǔ
ratazana (f)	大家鼠	dà jiā shǔ
morcego (m)	蝙蝠	biān fú
arminho (m)	白鼬	bái yòu
zibelina (f)	黑貂	hēi diāo
marta (f)	貂	diāo
doninha (f)	银鼠	yín shǔ
visom (m)	水貂	shuǐ diāo

castor (m)	海狸	hǎi lí
lontra (f)	水獭	shuǐ tǎ
cavalo (m)	马	mǎ
alce (m)	驼鹿	tuó lù
veado (m)	鹿	lù
camelo (m)	骆驼	luò tuo
bisão (m)	美洲野牛	měizhōu yěniú
auroque (m)	欧洲野牛	ōuzhōu yěniú
búfalo (m)	水牛	shuǐ niú
zebra (f)	斑马	bān mǎ
antílope (m)	羚羊	líng yáng
corça (f)	狍子	páo zi
gamo (m)	扁角鹿	biǎn jiǎo lù
camurça (f)	岩羚羊	yán líng yáng
javali (m)	野猪	yě zhū
baleia (f)	鲸	jīng
foca (f)	海豹	hǎi bào
morsa (f)	海象	hǎi xiàng
urso-marinho (m)	海狗	hǎi gǒu
golfinho (m)	海豚	hǎi tún
urso (m)	熊	xióng
urso (m) polar	北极熊	běi jí xióng
panda (m)	熊猫	xióng māo
macaco (m)	猴子	hóu zi
chimpanzé (m)	黑猩猩	hēi xīng xing
orangotango (m)	猩猩	xīng xing
gorila (m)	大猩猩	dà xīng xing
macaco (m)	猕猴	mí hóu
gibão (m)	长臂猿	cháng bì yuán
elefante (m)	象	xiàng
rinoceronte (m)	犀牛	xī niú
girafa (f)	长颈鹿	cháng jǐng lù
hipopótamo (m)	河马	hé mǎ
canguru (m)	袋鼠	dài shǔ
coala (m)	树袋熊	shù dài xióng
mangusto (m)	猫鼬	māo yòu
chinchila (f)	毛丝鼠	máo sī shǔ
cangambá (f)	臭鼬	chòu yòu
porco-espinho (m)	箭猪	jiàn zhū

89. Animais domésticos

gata (f)	母猫	mǔ māo
gato (m) macho	雄猫	xióng māo
cavalo (m)	马	mǎ

| garanhão (m) | 公马 | gōng mǎ |
| égua (f) | 母马 | mǔ mǎ |

vaca (f)	母牛	mǔ niú
touro (m)	公牛	gōng niú
boi (m)	阉牛	yān niú

ovelha (f)	羊，绵羊	yáng, mián yáng
carneiro (m)	公绵羊	gōng mián yáng
cabra (f)	山羊	shān yáng
bode (m)	公山羊	gōng shān yáng

| burro (m) | 驴 | lǘ |
| mula (f) | 骡子 | luó zi |

porco (m)	猪	zhū
leitão (m)	小猪	xiǎo zhū
coelho (m)	家兔	jiā tù

| galinha (f) | 母鸡 | mǔ jī |
| galo (m) | 公鸡 | gōng jī |

pata (f), pato (m)	鸭子	yā zi
pato (m)	公鸭子	gōng yā zi
ganso (m)	鹅	é

| peru (m) | 雄火鸡 | xióng huǒ jī |
| perua (f) | 火鸡 | huǒ jī |

animais (m pl) domésticos	家畜	jiā chù
domesticado (adj)	驯化的	xùn huà de
domesticar (vt)	驯化	xùn huà
criar (vt)	饲养	sì yǎng

fazenda (f)	农场	nóng chǎng
aves (f pl) domésticas	家禽	jiā qín
gado (m)	牲畜	shēng chù
rebanho (m), manada (f)	群	qún

estábulo (m)	马厩	mǎ jiù
chiqueiro (m)	猪圈	zhū jiàn
estábulo (m)	牛棚	niú péng
coelheira (f)	兔舍	tù shè
galinheiro (m)	鸡窝	jī wō

90. Pássaros

pássaro (m), ave (f)	鸟	niǎo
pombo (m)	鸽子	gē zi
pardal (m)	麻雀	má què
chapim-real (m)	山雀	shān què
pega-rabuda (f)	喜鹊	xǐ què
corvo (m)	渡鸦	dù yā
gralha-cinzenta (f)	乌鸦	wū yā

gralha-de-nuca-cinzenta (f)	穴鸟	xué niǎo
gralha-calva (f)	秃鼻乌鸦	tū bí wū yā
pato (m)	鸭子	yā zi
ganso (m)	鹅	é
faisão (m)	野鸡	yě jī
águia (f)	鹰	yīng
açor (m)	鹰，隼	yīng, sǔn
falcão (m)	隼，猎鹰	sǔn, liè yīng
abutre (m)	秃鹫	tū jiù
condor (m)	神鹰	shén yīng
cisne (m)	天鹅	tiān é
grou (m)	鹤	hè
cegonha (f)	鹳	guàn
papagaio (m)	鹦鹉	yīng wǔ
beija-flor (m)	蜂鸟	fēng niǎo
pavão (m)	孔雀	kǒng què
avestruz (m)	鸵鸟	tuó niǎo
garça (f)	鹭	lù
flamingo (m)	火烈鸟	huǒ liè niǎo
pelicano (m)	鹈鹕	tí hú
rouxinol (m)	夜莺	yè yīng
andorinha (f)	燕子	yàn zi
tordo-zornal (m)	田鸫	tián dōng
tordo-músico (m)	歌鸠	gē jiū
melro-preto (m)	乌鸫	wū dōng
andorinhão (m)	雨燕	yǔ yàn
cotovia (f)	云雀	yún què
codorna (f)	鹌鹑	ān chún
pica-pau (m)	啄木鸟	zhuó mù niǎo
cuco (m)	布谷鸟	bù gǔ niǎo
coruja (f)	猫头鹰	māo tóu yīng
bufo-real (m)	雕号鸟	diāo hào niǎo
tetraz-grande (m)	松鸡	sōng jī
tetraz-lira (m)	黑琴鸡	hēi qín jī
perdiz-cinzenta (f)	山鹑	shān chún
estorninho (m)	椋鸟	liáng niǎo
canário (m)	金丝雀	jīn sī què
galinha-do-mato (f)	花尾秦鸡	huā yǐ qín jī
tentilhão (m)	苍头燕雀	cāng tóu yàn què
dom-fafe (m)	红腹灰雀	hóng fù huī què
gaivota (f)	海鸥	hǎi ōu
albatroz (m)	信天翁	xìn tiān wēng
pinguim (m)	企鹅	qǐ é

91. Peixes. Animais marinhos

brema (f)	鳊鱼	biān yú
carpa (f)	鲤鱼	lǐyú
perca (f)	鲈鱼	lú yú
siluro (m)	鲶鱼	nián yú
lúcio (m)	狗鱼	gǒu yú
salmão (m)	鲑鱼	guī yú
esturjão (m)	鲟鱼	xú nyú
arenque (m)	鲱鱼	fēi yú
salmão (m) do Atlântico	大西洋鲑	dà xī yáng guī
cavala, sarda (f)	鲭鱼	qīng yú
solha (f), linguado (m)	比目鱼	bǐ mù yú
lúcio perca (m)	白梭吻鲈	bái suō wěn lú
bacalhau (m)	鳕鱼	xuě yú
atum (m)	金枪鱼	jīn qiāng yú
truta (f)	鳟鱼	zūn yú
enguia (f)	鳗鱼，鳝鱼	mán yú, shàn yú
raia (f) elétrica	电鳐目	diàn yáo mù
moreia (f)	海鳝	hǎi shàn
piranha (f)	食人鱼	shí rén yú
tubarão (m)	鲨鱼	shā yú
golfinho (m)	海豚	hǎi tún
baleia (f)	鲸	jīng
caranguejo (m)	螃蟹	páng xiè
água-viva (f)	海蜇	hǎi zhē
polvo (m)	章鱼	zhāng yú
estrela-do-mar (f)	海星	hǎi xīng
ouriço-do-mar (m)	海胆	hǎi dǎn
cavalo-marinho (m)	海马	hǎi mǎ
ostra (f)	牡蛎	mǔ lì
camarão (m)	虾，小虾	xiā, xiǎo xiā
lagosta (f)	鳌龙虾	áo lóng xiā
lagosta (f)	龙虾科	lóng xiā kē

92. Anfíbios. Répteis

cobra (f)	蛇	shé
venenoso (adj)	有毒的	yǒu dú de
víbora (f)	蝰蛇	fù shé
naja (f)	眼镜蛇	yǎn jìng shé
píton (m)	蟒蛇	mǎng shé
jiboia (f)	大蟒蛇	dà mǎng shé
cobra-de-água (f)	水游蛇	shuǐ yóu shé

| cascavel (f) | 响尾蛇 | xiǎng wěi shé |
| anaconda (f) | 森蚺 | sēn rán |

lagarto (m)	蜥蜴	xī yì
iguana (f)	鬣鳞蜥	liè lín xī
varano (m)	巨蜥	jù xī
salamandra (f)	蝾螈	róng yuán
camaleão (m)	变色龙	biàn sè lóng
escorpião (m)	蝎子	xiē zi

tartaruga (f)	龟	guī
rã (f)	青蛙	qīng wā
sapo (m)	蟾蜍	chán chú
crocodilo (m)	鳄鱼	è yú

93. Insetos

inseto (m)	昆虫	kūn chóng
borboleta (f)	蝴蝶	hú dié
formiga (f)	蚂蚁	mǎ yǐ
mosca (f)	苍蝇	cāng ying
mosquito (m)	蚊子	wén zi
escaravelho (m)	甲虫	jiǎ chóng

vespa (f)	黄蜂	huáng fēng
abelha (f)	蜜蜂	mì fēng
mamangaba (f)	熊蜂	xióng fēng
moscardo (m)	牛虻	niú méng

| aranha (f) | 蜘蛛 | zhī zhū |
| teia (f) de aranha | 蜘蛛网 | zhī zhū wǎng |

libélula (f)	蜻蜓	qīng tíng
gafanhoto (m)	蝗虫	huáng chóng
traça (f)	蛾	é

barata (f)	蟑螂	zhāng láng
carrapato (m)	壁虱	bì shī
pulga (f)	跳蚤	tiào zao
borrachudo (m)	蠓	měng

gafanhoto (m)	蝗虫	huáng chóng
caracol (m)	蜗牛	wō niú
grilo (m)	蟋蟀	xī shuài
pirilampo, vaga-lume (m)	萤火虫	yíng huǒ chóng
joaninha (f)	瓢虫	piáo chóng
besouro (m)	大傈鳃角金龟	dà lì sāi jiǎo jīn guī

sanguessuga (f)	水蛭	shuǐ zhì
lagarta (f)	毛虫	máo chóng
minhoca (f)	虫，蠕虫	chóng, rú chóng
larva (f)	幼虫	yòu chóng

FLORA

94. Árvores

árvore (f)	树，乔木	shù, qiáo mù
decídua (adj)	每年落叶的	měi nián luò yè de
conífera (adj)	针叶树	zhēn yè shù
perene (adj)	常绿树	cháng lǜ shù
macieira (f)	苹果树	píngguǒ shù
pereira (f)	梨树	lí shù
cerejeira (f)	欧洲甜樱桃树	oūzhōu tián yīngtáo shù
ginjeira (f)	樱桃树	yīngtáo shù
ameixeira (f)	李树	lǐ shù
bétula (f)	白桦，桦树	bái huà, huà shù
carvalho (m)	橡树	xiàng shù
tília (f)	椴树	duàn shù
choupo-tremedor (m)	山杨	shān yáng
bordo (m)	枫树	fēng shù
espruce (m)	枞树，杉树	cōng shù, shān shù
pinheiro (m)	松树	sōng shù
alerce, lariço (m)	落叶松	luò yè sōng
abeto (m)	冷杉	lěng shān
cedro (m)	雪松	xuě sōng
choupo, álamo (m)	杨	yáng
tramazeira (f)	花楸	huā qiū
salgueiro (m)	柳树	liǔ shù
amieiro (m)	赤杨	chì yáng
faia (f)	山毛榉	shān máo jǔ
ulmeiro, olmo (m)	榆树	yú shù
freixo (m)	白腊树	bái là shù
castanheiro (m)	栗树	lì shù
magnólia (f)	木兰	mù lán
palmeira (f)	棕榈树	zōng lǘ shù
cipreste (m)	柏树	bǎi shù
embondeiro, baobá (m)	猴面包树	hóu miàn bāo shù
eucalipto (m)	桉树	ān shù
sequoia (f)	红杉	hóng shān

95. Arbustos

arbusto (m)	灌木	guàn mù
arbusto (m), moita (f)	灌木	guàn mù

| videira (f) | 葡萄 | pú tao |
| vinhedo (m) | 葡萄园 | pú táo yuán |

framboeseira (f)	悬钩栗	xuán gōu lì
groselheira-vermelha (f)	红醋栗	hóng cù lì
groselheira (f) espinhosa	醋栗	cù lì

acácia (f)	金合欢	jīn hé huān
bérberis (f)	小檗	xiǎo bò
jasmim (m)	茉莉	mò li

junípero (m)	刺柏	cì bǎi
roseira (f)	玫瑰丛	méi guī cóng
roseira (f) brava	犬蔷薇	quǎn qiáng wēi

96. Frutos. Bagas

maçã (f)	苹果	píng guǒ
pera (f)	梨	lí
ameixa (f)	李子	lǐ zi
morango (m)	草莓	cǎo méi
ginja (f)	樱桃	yīngtáo
cereja (f)	欧洲甜樱桃	oūzhōu tián yīngtáo
uva (f)	葡萄	pú tao

framboesa (f)	覆盆子	fù pén zi
groselha (f) negra	黑醋栗	hēi cù lì
groselha (f) vermelha	红醋栗	hóng cù lì
groselha (f) espinhosa	醋栗	cù lì
oxicoco (m)	小红莓	xiǎo hóng méi
laranja (f)	橙子	chén zi
tangerina (f)	橘子	jú zi
abacaxi (m)	菠萝	bō luó
banana (f)	香蕉	xiāng jiāo
tâmara (f)	海枣	hǎi zǎo

limão (m)	柠檬	níng méng
damasco (m)	杏子	xìng zi
pêssego (m)	桃子	táo zi
quiuí (m)	猕猴桃	mí hóu táo
toranja (f)	葡萄柚	pú tao yòu

baga (f)	浆果	jiāng guǒ
bagas (f pl)	浆果	jiāng guǒ
arando (m) vermelho	越橘	yuè jú
morango-silvestre (m)	草莓	cǎo méi
mirtilo (m)	越橘	yuè jú

97. Flores. Plantas

| flor (f) | 花 | huā |
| buquê (m) de flores | 花束 | huā shù |

rosa (f)	玫瑰	méi guī
tulipa (f)	郁金香	yù jīn xiāng
cravo (m)	康乃馨	kāng nǎi xīn
gladíolo (m)	唐菖蒲	táng chāng pú
centáurea (f)	矢车菊	shǐ chē jú
campainha (f)	风铃草	fēng líng cǎo
dente-de-leão (m)	蒲公英	pú gōng yīng
camomila (f)	甘菊	gān jú
aloé (m)	芦荟	lúhuì
cacto (m)	仙人掌	xiān rén zhǎng
fícus (m)	橡胶树	xiàng jiāo shù
lírio (m)	百合花	bǎi hé huā
gerânio (m)	天竺葵	tiān zhú kuí
jacinto (m)	风信子	fēng xìn zǐ
mimosa (f)	含羞草	hán xiū cǎo
narciso (m)	水仙	shuǐ xiān
capuchinha (f)	旱金莲	hàn jīn lián
orquídea (f)	兰花	lán huā
peônia (f)	芍药	sháo yao
violeta (f)	紫罗兰	zǐ luó lán
amor-perfeito (m)	三色堇	sān sè jǐn
não-me-esqueças (m)	勿忘草	wù wàng cǎo
margarida (f)	雏菊	chú jú
papoula (f)	罂粟	yīng sù
cânhamo (m)	大麻	dà má
hortelã, menta (f)	薄河	bó hé
lírio-do-vale (m)	铃兰	líng lán
campânula-branca (f)	雪花莲	xuě huā lián
urtiga (f)	荨麻	qián má
azedinha (f)	酸模	suān mó
nenúfar (m)	睡莲	shuì lián
samambaia (f)	蕨	jué
líquen (m)	地衣	dì yī
estufa (f)	温室	wēn shì
gramado (m)	草坪	cǎo píng
canteiro (m) de flores	花坛，花圃	huā tán, huā pǔ
planta (f)	植物	zhí wù
grama (f)	草	cǎo
folha (f) de grama	叶片	yè piàn
folha (f)	叶子	yè zi
pétala (f)	花瓣	huā bàn
talo (m)	茎	jīng
tubérculo (m)	块茎	kuài jīng
broto, rebento (m)	芽	yá

espinho (m)	刺	cì
florescer (vi)	开花	kāi huā
murchar (vi)	枯萎	kū wěi
cheiro (m)	香味	xiāng wèi
cortar (flores)	切	qiē
colher (uma flor)	采，摘	cǎi, zhāi

98. Cereais, grãos

grão (m)	谷物	gǔ wù
cereais (plantas)	谷类作物	gǔ lèi zuò wù
espiga (f)	穗	suì

trigo (m)	小麦	xiǎo mài
centeio (m)	黑麦	hēi mài
aveia (f)	燕麦	yàn mài
painço (m)	粟，小米	sù, xiǎo mǐ
cevada (f)	大麦	dàmài

milho (m)	玉米	yù mǐ
arroz (m)	稻米	dào mǐ
trigo-sarraceno (m)	荞麦	qiáo mài

ervilha (f)	豌豆	wān dòu
feijão (m) roxo	四季豆	sì jì dòu
soja (f)	黄豆	huáng dòu
lentilha (f)	兵豆	bǐng dòu
feijão (m)	豆子	dòu zi

PAÍSES DO MUNDO

99. Países. Parte 1

Afeganistão (m)	阿富汗	āfùhàn
África (f) do Sul	南非	nánfēi
Albânia (f)	阿尔巴尼亚	āěrbāníyà
Alemanha (f)	德国	dé guó
Arábia (f) Saudita	沙特阿拉伯	shātè ālābó
Argentina (f)	阿根廷	āgēntíng
Armênia (f)	亚美尼亚	yàměiníyà
Austrália (f)	澳大利亚	àodàlìyà
Áustria (f)	奥地利	aòdìlì
Azerbaijão (m)	阿塞拜疆	āsàibàijiāng
Bahamas (f pl)	巴哈马群岛	bāhāmǎ qúndǎo
Bangladesh (m)	孟加拉国	mèngjiālāguó
Bélgica (f)	比利时	bǐlìshí
Belarus	白俄罗斯	báiéluósī
Bolívia (f)	玻利维亚	bōlìwéiyà
Bósnia e Herzegovina (f)	波斯尼亚和黑塞哥维那	bōsīníyà hé hēisègēwéinà
Brasil (m)	巴西	bāxī
Bulgária (f)	保加利亚	bǎojiālìyà
Camboja (f)	柬埔寨	jiǎnpǔzhài
Canadá (m)	加拿大	jiānádà
Cazaquistão (m)	哈萨克斯坦	hāsàkèsītǎn
Chile (m)	智利	zhìlì
China (f)	中国	zhōngguó
Chipre (m)	塞浦路斯	sàipǔlùsī
Colômbia (f)	哥伦比亚	gēlúnbǐyà
Coreia (f) do Norte	北朝鲜	běicháoxiǎn
Coreia (f) do Sul	韩国	hánguó
Croácia (f)	克罗地亚	kèluódìyà
Cuba (f)	古巴	gǔbā
Dinamarca (f)	丹麦	dānmài
Egito (m)	埃及	āijí
Emirados Árabes Unidos	阿联首	ēliánqiú
Equador (m)	厄瓜多尔	èguāduōěr
Escócia (f)	苏格兰	sūgélán
Eslováquia (f)	斯洛伐克	sīluòfákè
Eslovênia (f)	斯洛文尼亚	sīluòwénníyà
Espanha (f)	西班牙	xībānyá
Estados Unidos da América	美国	měiguó
Estônia (f)	爱沙尼亚	àishāníyà
Finlândia (f)	芬兰	fēnlán
França (f)	法国	fǎguó

100. Países. Parte 2

Gana (f)	加纳	jiā nà
Geórgia (f)	格鲁吉亚	gélǔjíyà
Grã-Bretanha (f)	大不列颠	dàbùlièdiān
Grécia (f)	希腊	xīlà
Haiti (m)	海地	hǎidì
Hungria (f)	匈牙利	xiōngyálì
Índia (f)	印度	yìndù
Indonésia (f)	印度尼西亚	yìndùníxīyà
Inglaterra (f)	英国	yīngguó
Irã (m)	伊朗	yīlǎng
Iraque (m)	伊拉克	yīlākè
Irlanda (f)	爱尔兰	aìěrlán
Islândia (f)	冰岛	bīngdǎo
Israel (m)	以色列	yǐsèliè
Itália (f)	意大利	yìdàlì
Jamaica (f)	牙买加	yámǎijiā
Japão (m)	日本	rìběn
Jordânia (f)	约旦	yuēdàn
Kuwait (m)	科威特	kēwēitè
Laos (m)	老挝	lǎowō
Letônia (f)	拉脱维亚	lātuōwéiyà
Líbano (m)	黎巴嫩	líbānèn
Líbia (f)	利比亚	lìbǐyà
Liechtenstein (m)	列支敦士登	lièzhīdūnshìdēng
Lituânia (f)	立陶宛	lìtáowǎn
Luxemburgo (m)	卢森堡	lúsēnbǎo
Macedônia (f)	马其顿	mǎqídùn
Madagascar (m)	马达加斯加	mǎdájiāsījiā
Malásia (f)	马来西亚	mǎláixīyà
Malta (f)	马耳他	mǎěrtā
Marrocos	摩洛哥	móluògē
México (m)	墨西哥	mòxīgē
Birmânia (f)	缅甸	miǎndiàn
Moldávia (f)	摩尔多瓦	móěrduōwǎ
Mônaco (m)	摩纳哥	mónàgē
Mongólia (f)	蒙古	ménggǔ
Montenegro (m)	黑山	hēishān
Namíbia (f)	纳米比亚	nàmǐbǐyà
Nepal (m)	尼泊尔	níbóěr
Noruega (f)	挪威	nuówēi
Nova Zelândia (f)	新西兰	xīnxīlán

101. Países. Parte 3

Países Baixos (m pl)	荷兰	hélán
Palestina (f)	巴勒斯坦	bālèsītǎn

Panamá (m)	巴拿马	bānámǎ
Paquistão (m)	巴基斯坦	bājīsītǎn
Paraguai (m)	巴拉圭	bālāguī
Peru (m)	秘鲁	bìlǔ
Polinésia (f) Francesa	法属波利尼西亚	fǎshǔ bōlìníxīyà
Polônia (f)	波兰	bōlán
Portugal (m)	葡萄牙	pútáoyá
Quênia (f)	肯尼亚	kěn ní yà
Quirguistão (m)	吉尔吉斯	jíěrjísī
República (f) Checa	捷克共和国	jiékè gònghéguó
República Dominicana	多米尼加共和国	duōmǐníjiāgònghéguó
Romênia (f)	罗马尼亚	luómǎníyà
Rússia (f)	俄罗斯	éluósī
Senegal (m)	塞内加尔	sàinèijiāěr
Sérvia (f)	塞尔维亚	sāiěrwéiyà
Síria (f)	叙利亚	xùlìyà
Suécia (f)	瑞典	ruìdiǎn
Suíça (f)	瑞士	ruìshì
Suriname (m)	苏里南	sūlǐnán
Tailândia (f)	泰国	tàiguó
Taiwan (m)	台湾	táiwān
Tajiquistão (m)	塔吉克斯坦	tǎjíkèsītǎn
Tanzânia (f)	坦桑尼亚	tǎnsāngníyà
Tasmânia (f)	塔斯马尼亚	tǎsīmǎníyà
Tunísia (f)	突尼斯	tūnísī
Turquemenistão (m)	土库曼斯坦	tǔkùmànsītǎn
Turquia (f)	土耳其	tǔěrqí
Ucrânia (f)	乌克兰	wūkèlán
Uruguai (m)	乌拉圭	wūlāguī
Uzbequistão (f)	乌兹别克斯坦	wūzībiékèsītǎn
Vaticano (m)	梵蒂冈	fàndìgāng
Venezuela (f)	委内瑞拉	wěinèiruìlā
Vietnã (m)	越南	yuènán
Zanzibar (m)	桑给巴尔	sāngjǐbāěr

www.ingramcontent.com/pod-product-compliance
Lightning Source LLC
Chambersburg PA
CBHW060033050426
42448CB00012B/2992